碧山

13

建筑师在乡村续

出品

左靖工作室
Zuo Jing Studio

主编
左靖

中信出版集团 | 北京

图书在版编目（CIP）数据

碧山. 13, 建筑师在乡村续 / 左靖主编. -- 北京 : 中信出版社, 2020.4

ISBN 978-7-5217-1382-4

Ⅰ. ①碧… Ⅱ. ①左… Ⅲ. ①中华文化－文集 Ⅳ. ①G12-53

中国版本图书馆CIP数据核字(2020)第021556号

碧山13：建筑师在乡村续

主　　编：左靖
策划推广：北京地理全景知识产权管理有限责任公司
出版发行：中信出版集团股份有限公司
　　　　　（北京市朝阳区惠新东街甲4号富盛大厦2座　邮编　100029）
承 印 者：北京华联印刷有限公司

开　　本：720mm×960mm　1/16　　印　　张：16　　字　　数：300千字
版　　次：2020年4月第1版　　印　　次：2020年4月第1次印刷
广告经营许可证：京朝工商广字第8087号
书　　号：ISBN 978-7-5217-1382-4
定　　价：68.00元

目录

从日本传入中国台湾地区。这种新的规划设计模式，不同于以往以政府部门意见为主导的方式，是由政府委托的设计团队来带动基层村民，共同讨论该村未来发展建设的内容和设计形式。这样的设计方式被称为『参与式设计』，需要将原本由专业主导的设计发展过程转化为一系列和村民的『对话』过程（王惠民）。今天，作为一种基本的方法论，参与式设计已经广泛地存在于建筑师在乡村的工作中。事实上，中国的民间建造本身就是一种参与式的设计建造，也就是我在上一辑卷首语中提到的『乡土建筑本来就是乡绅和工匠合作的产物』。长久以来，乡村的社会结构决定了建造必须要通过村民的协力和互助，而互助和协力是乡村结构存在的基础，这些都体现出乡土建筑是村民的共同实践。尽管建筑『起源』于建筑师，但建筑的目的是使用者（主要是村民）的建筑，使用者必须被放在主体的位置。所以，参与式设计，必须要与使用者合作，并引导使用者来参与设计与建造。与城市建造不同的是，在乡村，『建筑师跟对象不是业主关系，而是一个合作社组织，一起来造房子』（黄孙权）。

三是五龙庙文物环境整治工程。两本专辑中，除了少数文章有些许批评与反思外，这是唯一一篇全面批评的文章，内容涉及的其实还是上述两个问题及其延伸。文保系统外的建筑师如何进行文保单位周边的设计，我们从这个案例中到底获得了哪些经验教训？有意思的是，除了齐晓瑾的直接批评外，我们可以在书中其他文章中看到一些建筑师的态度，比如张雷主张的关于当代地域性实践——不是空间形式的盲目创新，而是时间轴线上生活的延续，这与黄印武的观点不谋而合，后者认为，历史空间的价值在于它的时间，并主张文化遗产保护的成败取决于『阅读时间的能力』，遗产保护必须把建筑师本身放在第二位，退在所保护的遗产后面，建筑师的创造性体现为不被人看到的创造性。又如在王惠民看来，在『历史空间保护』概念中，乡民的『历史记忆』是最重要的因素，而非『古迹』所强调的年代久远或造型精美。他更指出，乡村人文价值无法延续不仅仅是由经济因素造成的，许多设计师的社会文化认知亦是重要影响因素。

此外，专辑中还有不少看点，比如朱竞翔建立的『建造快，造价低，功能可逆』的轻型建筑系统；刘宇扬和孟凡浩对农民房的改造和新建，把成本控制在农民可支付的范围内；陈浩如对乡村的非居住类建筑的创新及其展开的『社区支持农业』式的农场实验；梁井宇对乡镇建设的预防性机制以及建筑师在乡村的真正作用的思考；等等。

最后，套用一句话来结束本文：『重要的不是建筑师，是社会设计者；重要的不是建筑，是乡村人的生活。』

2020年2月10日于旌德

卷首语

建筑师在乡村何为

左靖

2019年5月底，维姆·文德斯夫妇到访碧山。这是这位享誉世界的导演第一次访问中国，第一次来到中国的深处——乡村。在此之前，他们去了北京、敦煌和成都。在最后一站——上海，有人问文德斯，中国之行最难忘的地方是哪里，他毫不犹豫地说：碧山。

碧山，一个普通的徽州村落，凭什么给导演留下深刻印象？是自然的山水田园、焕发新生的古建筑，还是依然鲜活的迥异于城市的日常生活？近20年来，中国乡村及其伴随而生的各种变迁与改造，已然成为国家的战略方向、热议的社会话题和世人的关注焦点。如果说，乡村的社会设计面对的是社会的总体性问题，是不同的专业背景和文化背景共同协力的事业，是用综合的方式方法重新建立起人与土地之间的关系，那么，建筑师在乡村何为？建筑在这个过程中到底作用几何？

在两辑的内容中，我们一共介绍了近20位建筑师在乡村的实践。这些案例包括建筑师在乡村不同的工作范围和村落类型，比如，有整村、整镇的规划与改造，也有单体建筑的重塑；有特别乡村——通常是传统村落，或该处有重要的文保项目，也有普通乡村——从表面上看，历史已经在此隐遁……在这些丰富的样态中，我想重点聊三个问题。

一是建筑师身份。随着从城市到乡村的工作场域的变化，建筑师身份存在一个被再认识的问题。从刘家琨的『造物主』幻觉，到一个集『裁缝建筑师』『工匠建筑师』『秀才建筑师』『农民建筑师』于一身的新乡土建筑合著者（任翔），建筑师在应对复杂多变的乡土社会的过程中，在自身的职业价值体系之外，自觉或不自觉地完成了身份的多重转化。特别是，建筑师似乎必须要压抑自己个人英雄主义的职业形象，以及『造物主』式的创作冲动，让建筑设计回归『一个地方知识求索过程中的工具手段，而非最终的解题性建筑结果』（任翔）；建筑『更以一种媒介的身份，激发乡土聚落生活新的叙事方式，构筑持续增强的社会空间』（王铠、张雷）。从大部分的情况来看，从建筑学层面到社会学层面的综合考量，几乎是每个不把行业价值作为首选的建筑师都在认真面对和思考的。『建筑师的工作让大家看到实实在在的变化，政府有了工作着力点，资金有了业态导入的方向，村民有了新的就业渠道和对未来生活的憧憬。』（王铠、张雷）。在这个意义上，建筑师对同时具有『乡村建设者』的身份并不拒绝，更乐于把自己在乡村的建筑实践称为乡村建设。

二是参与式设计。1994年，社区总体营造的概念

卷一　专题

又一块新农村试验田

记「太阳公社」建设伊始

姜冰

作为太阳公社社员，无论是城里人还是村民，都要一起参加劳动，以此来增强社群凝聚力，创造新的文化

临安，曾是杭州的旧称，因南宋定都于此而成为当时的政治、经济、文化中心和繁荣富庶之地。如今的临安隶属于杭州市，于2017年9月从原来的县级市正式变为杭州市临安区。

临安地处杭州西部的天目山区，多坞多山，人们自然沿谷地聚居、铺路，形成典型的线状串联分布形态。从临安沿东西向的杭徽高速西行，到太阳镇后再南下几公里，来到双庙村所在的山谷入口处，再西向而行，便进入如叶脉般生长出的狭长谷地。谷地中，稻田层层叠叠，如同叠落的盘子，水从高处引下，流入盘中，滋养着稻田。沿着稻田继续西行深入谷地，水坝上的精巧竹亭，远处的几座茅草竹屋、池塘、园圃依次映入眼帘。周围山峦叠嶂，谷地里自有田园牧歌，甚有世外桃源之意。

如今很多农村已经空心化，村子里本来人口就不多了，此处深山峡谷原本应人迹罕至，可是几个城里来的年轻人偏偏看中了这里，带着村民建起了几座朴素的茅草竹屋，在这里养猪、养鸡、种稻田，搞起了有机农业，努力实践着他们的乡村理想。这群城市年轻人里有一位建筑师，叫陈浩如；而他们的乡村理想化名为公社，叫“太阳公社”。

理想要落地，从盖房子开始

陈浩如在美国读的建筑学硕士学位，是地地道道的“海归”。但他的梦想之地不是光鲜亮丽的国际大都市，也不是繁华安逸的中小城市，他的游戏之所在乡村，在传统农业胶着于现代化进程中的中国乡村，他还把自己的事务所取名“山上”。回国后，从2006—2012年，陈浩如下乡做了很多调研，去的多是一些日渐衰败的古村落。他觉得这是与西方建筑完全不一样的独特文化现象，试图从建筑师的角度去理解这些村子中的文化传承。但他当时也仅仅停留在调研阶段，没有什么实践机会，仅有的可能机会也因为资金不足而落空，只能眼看着那些空心化的村落继续破败下去，却无能为力。建筑师切入乡村建设的入口，往往是观察、测绘那些村落生长肌理极有特色的乡村建筑，采访、查阅村落的历史，试图挖掘、展现那些随之老去、

猪圈远景 供图：吕恒中

褪色的乡村文化。可对于建筑师而言，这些调查还不够，都只是为另一个目标做准备，那就是真正在农村里动手修建房子，学以致用。

当初找到这个山谷的过程，也颇有些戏剧性。陈浩如的合伙人开着车，到处寻找他们理想中的农场，一不小心翻了车，倒在稻田里。他随即摸出手机，给陈浩如打了个电话，说找到了一个好地方。

第一个盖起来的是猪圈。这个猪圈与多数人印象中那种阴暗、狭小、拥挤、臭气熏天的猪圈毫不相关。远看，好似几把高大轻盈的茅草羽扇轻轻叠搭，落在地上；近看，整个屋面是由毛竹搭起的几何结构，主梁最高，屋面呈折叠状，单元式复制排开，向两侧跌落，落脚在两侧5个卵石堆砌的石柱墩上。由屋面和地面这两个水平元素，在内部形成一个长条形的整体无柱空间，自然地略去墙体和柱子这两个竖向元素，简洁朴素又巧妙。毛竹通过精心设计的节点连接，撑起整个屋面结构，折叠跌落的形态自然地构成略陡的排水线，屋檐处的排水槽也直接借用毛竹做成；屋面上铺的厚厚的茅草，也采自山上，由村民农闲时编织而成；平面上，4个8米见方的单元东西向依次排开，“宿舍”区和喂食区分割开来，干净明亮。猪圈外的场地上有猪的游乐场和游泳池，以及一个厕所，便于收集猪粪。最有趣的是，建筑师专

猪圈内部干净，功能划分清晰
供图：吕恒中

门设计了一条从猪圈到游泳池迂回行进的路线，不宽的小径用木栅栏围合出来，基本只容一猪通过。猪圈一放闸，黑猪便一头跟着一头，沿着围出的小径溜达到泳池边，跳进去洗个澡，再爬上岸来，在游乐场里悠闲地活动。

第二个建起的是鸡舍，位于谷地尽端。其外形、结构与猪圈相似，面积是猪圈的一半，只有两个8米见方的单元。与猪圈不同的是，整座鸡舍都用竹子建成。竹面楼板稍稍从地面架起，有利于防潮。屋面没有铺茅草，而是将毛竹劈半为瓦，打通竹节后更是可得整条竹瓦。竹瓦正反相扣，铺就屋面。

最近建起的是长亭，又叫“五间亭”或“农夫茶亭”，建在水库边的水坝上。原木做基，支撑起相似的竹构屋面，5个单元排列展开，每个单元4米×3米，尺度更小，更加宜人，可供村民农忙时歇脚、农闲时聚会话家常。

目前中国乡村里的非居住类建筑，单个建筑面积较小，大多功能单一，因此，在设计建造时不用按照现代建筑规范过多考虑保温、使用生命周期等一系列条条框框，可以摒弃砖瓦、玻璃、钢等建材，便于就地取材，实现造价经济、建造高效、绿色环保的目的，且有助于延续这种乡村特有的简易建造的技艺。这三座建筑的结构形

猪圈内部的屋顶结构

鸡舍远景 供图：吕恒中

搭建中的鸡舍

态相似，均采用单元式排列叠加。从建造角度上看，这种设计极有利于在地快速复制和拆卸，施工不复杂，不需要特定的天气或场地条件，便于培训工人们快速掌握技能。除了可以做禽畜圈舍和凉亭，这种结构还可以根据其他功能需求，支持一定范围内的单元平面大小变化。这样的乡村屋舍外观轻盈，通风防潮，视野通透，正适合临安当地的气候和自然景色。建筑材料方面，漫山遍野的毛竹、秋冬干枯的茅草、山上的原木、溪流河滩中的卵石，都既近便又实用，在现代城市建设里非常少见。本地村民本来就有用这些天然材料搭建的传统，工匠陈师傅擅长用竹，茅草屋顶也是当地农民选取实心的秋冬茅草编织而成，卵石的砌法更是本地特有，错落有致，处处皆留有工匠的手作痕迹。

陈浩如认为，建筑设计在于如何运用风和水。猪圈的茅草顶透风，茅草的排布也充分考虑了雨水的走向，雨水顺着茅草排到竹槽，最终归于游泳池中。而茶亭坐于水之上游，风穿亭而过，水走向下游，滋润着农田，为猪圈和鸡舍取水之用。木、竹和草，这些都是活的有机材料，在地现取现用，用它们建成的建筑也是有机的，是可以呼吸的，且自然而然地成为农业生活的一部分。农村里所有的生活物件都应该来自这种生活，归属于这种生活。

就地取材的茅草

操作和施工简单易行

在建造中兴起公社

近两年在关于建筑师陈浩如的报道中，“绿色”“乡建”“自然营造”“可持续”等词汇频繁出现，他设计的猪圈、鸡舍和长亭竹构系列更成为有力的案例。事实上，整个太阳公社项目的起因，并非客户委托陈浩如设计建造猪圈或鸡舍，这不是一个简单的系列建筑项目。猪圈和鸡舍的建造，是陈浩如经营“公社”这块“新农村试验田”的开端，是他对新农村复兴的尝试。

2013年初，陈浩如和他的合伙人到双庙村的时候，当地大约一半的农田都荒废

右：竹槽排水细部
左：竹槽排水

着。村子里多是老人和孩子，也有年轻时外出务工、退休后回村养老的农民，青壮年劳动力多以“务农不赚钱”为由进城谋生路，且90%以上是去打工。[1]这里的农田租赁价格比他们走访的其他省更便宜，且便宜很多——每亩每年只要700元，这都是因为江浙地区的城镇化和工业化程度相较中国其他很多地区更高一些，而相对发达的地区已少有人务农。

陈浩如和他的伙伴在这里租下了500亩土地，这片土地涉及村民300户（占全村一半以上）。接着，他们正式成立了公社。公社决定首先从生态农场做起，以绿色、生态的有机健康农产品作为自己的主营产品。村里留下的农民有一半（几十户）加入了公社。加入者按照公社制定的标准种植有机农产品，由公社统一收购，收购价是非有机产品的几倍。同时，公社专门雇用了下乡的农科院毕业生驻场务农，和农户一起劳动，对生产过程予以指导。生产出的农产品都会在包装袋上明确标示农民的照片和名字，作为信誉和品质的保证，公社由此产生了一些农产品生产代表，比如养鸡代表罗先琴、养猪代表老杨。在公社指导下，农户们近三年的收入增加了几倍，农民的自我价值感也得到了提升。

在消费端，公社依靠互联网和微信号组织了城市社群，即网上社区，社区消费的食物就来自这片生态农场。这也是陈浩如建立公社的本意。公社鼓励网上社区里的每个人都可以来村里，住在农户家，大家同属一个公社，没有城市和乡村的区别。实际上，城市消费者的到来，监督了绿色有机食物的生产过程，由此产生并加深了对公社的信任，这就是陈浩如所称的“信任农业”。在“信任”的基础上，城里人找到了新的“故土”，找到了可以信任的食物和志同道合者。

建立生态农场后，公社开始逐步开设“自然学校”。起初，自然学校主要针对当地农民，请专家来讲解有机农业如何做、对人体有什么好处、农药和化肥的害处等，作为公社农民内部的科普课程。公社还请来全国养猪专业户介绍养猪经验，并传授当地农民如何因地制宜造猪舍的经验。比如，山东的养猪专业户所用的砖拱猪圈更适应当地较冷的气候，但并不适用于江浙地区。江浙气候相对暖和，建通风更好的猪圈，有利于消除气味，进行更明确的功能分区，同时还可形成更有趣味的环境设计。在猪圈建造过程中，公社有意识地培养了一支由当地村民组成的竹构搭建队

1 陈浩如：《乡建六法——乡村自然营造法则》，《时代建筑》，2015年第3期，37页。

当地的编织工艺

伍。现在，这支队伍一共有6个人，他们可以迅速建起一座竹构。陈浩如还将自己的建筑设计工作室“山上”的一部分搬到公社，成立了乡村工作室，计划未来在当地开设更多艺术工作坊，做一些编织和手工艺的特色产品。这些传统的手工艺虽然已经不多见了，但只要在条件适当的时候，又会重新生长起来。现在，随着自然学校的发展，学校的内容和范畴也在扩展。在“信任农业”的基础上，学校将教育和社区活动拓展到整个网上社区，目标锁定社员的孩子们，以夏令营的方式开展自然教育，主要内容是与自然农业、农耕生活有关的一切。有很多社员在假期时会专程从很远的地方带孩子过来参加。

随着经营的扩大，“太阳公社”现在已小有名气。一些外出打工的人陆续回村，并盖起新房，村子里又开始热闹起来。政府也加大了支持力度，筑路到村口，并在2017年镇政府工作报告中将太阳公社列为首个重点发展的现代农业项目。邻村和邻县也不断有人过来考察，取经竹构猪圈和鸡舍的建造方法，还有拥有几万亩土地的村庄也希望加入公社。公社借此机会新建立了“开源设计”项目，给周边村庄农户提供自建设施，培训他们使用在地的田野材料自行建造，并在建造过程中努力重建乡村之间的互助合作关系，以减少对外来工业材料和施工人员的依赖。下一步，公社还将开设民宿业务，由公社对空置房屋进行设计、改造和装修，并进行统一管理，收益与农民分享。在服务管理方面，公社会对农民进行培训，让他们不但是房产的主人，还要做民宿真正的主人。

公社的根本

近几年，食品安全成为人们生活中的头等大事之一，绿色有机食品也逐渐火了起来。但由于目前国内并没有完善统一的有机食品认证和监管系统，[1]有些认证程序颇为复杂，各地情况也不一样，因此，有机食品销售渠道依然有限。但这样的阻力也是一种机遇。陈浩如和他的合作伙伴们要做的，是建立“太阳公社”这个品牌的信誉，而这个品牌的信誉背后，是当地所有农民的信誉。

公社要联合村民一起建立新的产销模式及公社的品牌信誉，就必须首先取得当地村民的信任。这并不容易。城里人下乡，联合农民搞公社，传播新的生活理念，这简直是农村题材电视剧的现实版本。幸运的是，陈浩如并没有经历电视剧里城市与农村价值观碰撞的戏剧性冲突，甚至连摩擦都没有发生，反而和参加建造的几家人成了好朋友。他笑称，也许是因为公社的副社长是黑龙江人，酒量不错，当初他拎着酒壶，挨家挨户地喝，挨家挨户地聊，就这样最终说服了村民们。

竹构搭建队里的罗师傅，80多岁了，每次搭建仍亲自下场动手。他儿子本来就是工头，召集了一些老师傅也加入进来。搭建队不但在自己的村里干活，还跟着陈浩如走南闯北到各地的农村考察、搭建。村民们祖祖辈辈就在这片土地生活，对大自然的赐予有自己的深刻理解，对陈浩如“在地建造”和“自然材料”的理念，都心有灵犀，也很支持。“竹子怎么用、石头怎么堆、绳子怎么绑，农民们也都有自己的经验、见解和审美，很有执行力。他们协作劳动的时候特别认真，有种要争一口气的感觉。这就是农村人，要通过劳动来争取集体的荣誉。他们比很多人更能理解这种原生态的生命力。他们和所有自立的人一样，专业、敬业，是天生的建造者。劳动之余，他们会坐在屋顶上抽一口烟，喝一口茶，看着远山，内心充满了人生的价值和目标。农民的诉求，就是公平和尊重。”陈浩如深受触动，由衷地感慨。出于对农民的敬意，他后来专门为这些可爱的农民搭建了长亭。

这种信任背后的关键是，农民加入公社不损失土地，只要按照公社的要求耕作，收

1 根据《中华人民共和国认证认可条例》及《有机产品认证管理办法》的规定，中国国家认证认可监督管理委员会负责有机产品认证活动的统一管理和综合协调工作，各有机产品认证机构对所颁发认证证书有效性承担法律责任。截至2016年4月，中国有机产品认证机构有23家，并由国家认监委对认证机构和已获认证的企业、产品、销售市场做定期抽检。

村里的竹构匠人

可爱的农民

入就能翻倍，而纳税义务则由公社承担。这样做的结果是切实的利益归了农民，投资风险和经营管理压力全部留给了公社。

除了联合农民，还要联合城里人。城里人不再是农产品消费端的不知名的某个人，也不再只是消费农产品，他们要加入公社、参与务农、参与建房，进而进入农村文化复兴的语境中。例如，公社每年重新铺一次屋顶的时候，公社里的人——不管是村里的搭建团队还是城里来的小朋友，都要一起参与进来。通过仪式感的协同劳动，联结起不同的人，形成新的社群，创造新的文化。从这个意义上说，这近似于中国古代传统建造中最重要的上梁仪式，让建造这件事也重新找回一种神圣感。

大家一起劳动，给屋顶铺上茅草

乡村文化的核心是土地，农民的吃喝拉撒无不围绕土地安排，衣食住行皆来自土地的馈赠与耕耘，时间的分配不是工作日和周末，而是农忙和农闲。与费孝通先生的时代不同的是，现在农村空心化更加严重，地里的粮食换来的收入过低，城市里的新技术和现代化生活吸引着大批农村劳动力进入城市。而教育和技能的不足，又令进城打工的农民缺乏竞争力，大多只得从事体力劳动或简单的服务业，这也使得他们受市场变化的影响较大，很难长期有稳定收入，这对贫困地区的农民尤甚。农民、农业这两个农村的核心要素都越来越不稳定，农村文化也随之衰败。在乡村复兴这条路上，太阳公社未来并不想走由外来资本投资、包装后的民宿之路或旅游模式（尽管收益快且丰厚），他们希望通过“务农”这件农村里最基本的事扎根农村，因为稳定了农业，才能稳定农民，从而复兴乡村文化。因此，他们提出了一个口号：“如果你不做农业，就别去乡村。”公社并不想改变乡村的生活形态，其最终的目的是提倡并建立公社内部的社群关系，包括线上和线下的社群，由农民和城市人组合在一起的社群，希望农民建立起新农村的生活方式。而在这种生活方式里，城里人不仅仅是消费者，更是农业和文化建设的深度参与方。这种新农村理念的建设，才是太阳公社真正要试验，并且正在试验的。

现象还是模式？

但愿望美好，现实往往骨感。目前令社员们唯一担心的，是公社能否生存下去。

农业的投资回报慢，尤其是新兴的有机农业更需要长期的耕作、投入、坚持，才能做出信誉和口碑，以及有稳定的客户群带来可靠收益。公社创立伊始，之所以选择最先搭建猪圈，其实是因为养猪是更有可能盈利的项目。公社经营4年来，稻米种植依然亏本，需要靠黑猪肉和自然学校的教育利润来贴补。在有机农业方面，台湾的一些案例要先于太阳公社。

台湾进入经济快速增长的时间比大陆早一些，更早面对污染的考验，也因此更早一些开始在绿色食品、有机农业和农村社群重建的试验田里耕作，试图在现代化和城市化进程中，对最基本的农产品种植、城乡产销社群做全新的探索，对农村生活文化进行深入研究，对农村文化价值进行挖掘与复兴。从20世纪90年代开始，相关的基金会、劳动合作社、文化推展协会在台湾如丛林般生长起来，近一二十年又兴起了农夫市集、俱乐部等。[1]类似的试验，台湾虽然走在前面，取得了社会的广泛关注和支持，但依然在艰难地经营中，离秋季的硕果累累仍有冬春夏的距离。

这种模式的有机农业和社区营造，并未对农村的生产力和生产关系带来本质变化，运营方面仍要依赖一定的社会条件和机遇。而大陆的农村比起台湾，在地理分布上要广袤得多，自然、人文状况也更多样复杂。不似晋西山区，临安的农村并不贫

1 更多信息见赖青松：《青松米手札》，左靖：《碧山08：永续农耕》，北京：中信出版集团，2016年，13~31页。

瘠，这里自然资源丰富，盛产木材、竹子、山核桃和多种药材。临安在正式变为杭州市临安区之前，曾是浙江省陆地面积最大的县级市。自20世纪80年代以来，其获得的各种称号多与工业、农产品加工以及电子商务相关，是全国综合实力百强县之一，也是浙江省首批小康县之一。2012年，太阳公社创立的前一年，太阳镇农民人均纯收入为13 459元，远高于中国农村贫困线。彼时，太阳镇三项产业结构比中，工业接近60%，农业则占到了20%，而整个临安市当时的三项产业结构比中，农业只占了不到10%。[1]可见，虽然太阳镇的农民纯收入并不算低，太阳镇也不是贫困镇，但从整个临安市范围来看，太阳镇的发展并不突出，农业依然是其发展的重头。同时，太阳镇临近杭州、上海等大城市，有机农产品和绿色生活理念都具有潜在的消费市场。在这里进行乡建所要面对的问题虽然并不独特，但也不具备普遍性。太阳公社是否能顽强地生存下去，还是未知数；是否能成为“模式”，还需要参照它生长的社会经济因素。

太阳公社，有如其名，寄托着现代城市人对乡村的耿直的乌托邦式的理想。按照陈浩如的说法，建筑师往往都是改造、创建世界的理想主义者，他们似乎从根本上就站在资本决定论的对立面，但又不知道脱离资本能否生存。人们常说，乌托邦不切实际。但太阳公社本身就是一个可持续的社区建设的试验，是一个建筑师领导的新农村建设的尝试。是否不切实际，现在下任何结论还为时尚早，再多给一些时间，也许在临安太阳镇的山沟沟里就能开出一朵花来。

（未注明出处的图片均由山上建筑设计事务所提供）

1 更多信息见2012年太阳镇《政府工作报告》和临安市《政府工作报告》。

在流动的传统中寻找未来

钱梦妮

梁井宇参与改建的贵州省黎平县茅贡镇粮库艺术中心

建筑师梁井宇在职业生涯的前半段埋头做建筑。跟中国绝大部分同行一样，他深陷于由房地产开发商、立面造型、预算成本、预算收益和名气组成的世界里，偶尔抬起头来写写批评性的文字，这已经是“良心发现”的高光时刻。

“全球建筑界过去10年里收获的最大苦果是对消费视觉奇观市场的全面迎合。”2010年，身处奥运会、世博会引领的全民探讨“明星建筑”的热潮中，他写出这样的负面结论。“我之所以提出这样的感慨，恰恰因为自己也在那个旋涡里。大家都在争奇斗艳，在玩同一个游戏，所以觉得看到的景象都一样。跳出这个圈子之后，我才发现还有很多志同道合的人没有在玩这个游戏。那是只属于小部分人的痴迷和幻觉。”梁井宇说。

2006年，就在梁井宇成立自己的建筑师事务所“场域建筑”不久，团队应邀参与撰写建筑杂志《城市中国》为隔年举办的第12届卡塞尔文献展所做的专刊。其中以“新农村=新的可持续发展规划建设”为主题，以文章和图示的形式，向读者展示农村发展的一种可能途径。这一主题恰好呼应了2005年中国共产党十六届五中全会上提倡的“社会主义新农村”建设。对于一名长期生活、工作在城市中的建筑师来说，这是他第一次把注意力投向农村。

在做专刊的过程中，梁井宇发现，从几千年前农业文明诞生到20世纪70年代，中国的农村几乎一成不变。从田地、农舍到集市，都可以在现实中找到传承下来的模板。可是，维持了几十个世纪的农村格局，在内部“产业革命”和外部疯狂的“城市化运动”面前迅速土崩瓦解，只用了30多年便已翻天覆地大变样。

具体来说，农产品不再只是庄稼，而是各种有待多重加工的药品、食品、化妆品；农田被征用，上面建造起一座座厂房；森林河流被改造成为耕地；建筑中大量使用不可再生的黏土砖；农民工进城务工，组成庞大的低收入劳动力群体；等等，不一而足。针对这些问题，他与团队认为，可以通过高新技术与原始生态手法相结合的办法，走上“新农村”的发展道路。比如，使用夯实的稻草秆、麦秆做保温墙，开发利用风能、光能与生物能，在农舍使用营养液无土种植果蔬，从而打造一个完整的小型成套农宅系统。

梁井宇的父母曾在“文革”时期在农村负责制作建筑标准图。那个时期，人民公社的各种建筑都是农民在专业建筑师的指导下，用自己的双手一砖一瓦合力盖起来

茅贡镇附近农村用以储存粮食的传统禾仓

的。梁井宇意识到，自己这一代在20世纪60年代前后出生的建筑师，几乎都没有关心过农村，也对过去“赤脚医生”式的乡村建筑师角色极其陌生。所以，他开始转向农村，开始思考如何继承父辈的专业，在更为广阔的领域发挥作用。

大地震与庇护所

建筑师刘家琨曾经说，看到自己设计的房屋从无到有拔地而起，常常会产生“造物主”的幻觉。梁井宇非常赞同：“而且你看得见、摸得着，还不容易看到它‘幻’在哪儿。”然而，2008年“5·12”汶川大地震给全社会带来极大震撼，也打破了建筑师内心那些“造物主”的美好幻象。而2011年日本“3·11”大地震给梁井宇带来的震撼甚至不亚于2008年的汶川大地震。“此前我觉得，这些灾难是发展中国家独有的问题，因为我们比较落后。乡村建筑倒塌这么多，伤亡损失这么严重，就是因为基本构造措施没做好，农民缺乏常识，也缺乏训练。”梁井宇说，“可是日本的灾难让我意识到，这并不是两国之间差了几十年的技术问题和社会发展的问题，而是人在大自然面前依旧很脆弱。”

以前大家都相信科技，以为随着科技的不断进步，人类终究会彻底解决一切危机和矛盾，其中就包括房屋庇护问题，但是在地震、海啸面前，这些都变成一厢情愿。普利兹克奖获得者、日本建筑师伊东丰雄也有过类似的感叹。日本的房子本来已经造得很好了，可是依然抵不过海啸灾害。反观建筑师每天进行那么多细节的创造，纠结于一个窗子的比例和尺度，而这些在天灾面前显得毫无意义。梁井宇意识到，建筑设计团队把绝大部分精力甚至金钱耗费在细节的精雕细琢上，事情好像有哪里不对。

汶川大地震发生之后，举国上下都在为救灾出力出策，梁井宇也带领几个同行共同翻译了一本名为《农民自建抗震屋图解手册》的小书。这本书的主编玛西亚·布隆德特（Marcial Blondet）是秘鲁的结构工程师。编者以图解和简单的文字教普通人怎么建造房屋基础，怎么找水平，如何设计房屋的窗子大小和合理进深。可惜后来因为种种原因，这本小册子未能及时印刷出来在需要的地方免费发放，翻译者只好将其放在网上供人免费下载阅读。不过，在这本手册的影响下，梁井宇紧接着又决定着手翻译《庇护所》。这本书最早出版于20世纪70年代的美国，作者劳埃德·卡恩（Lloyd Kahn）曾参与编辑影响过整整一代嬉皮士的杂志——《全球概览》（*The Whole Earth Catalog*）。

《全球概览》这份期刊，曾在1968—1971年发行。就和宜家家居的产品目录一样，这也是一本分类产品目录。不同之处在于，它的目的不是贩卖货物，而是帮助人们全面地理解整个世界如何运转，并学会为我所用。里面的上千件商品大多由读者推荐并撰写评论，涵盖了各个门类的应用知识，比如辨别野生动植物、种菜、捆竹筏、操作小艇……也就是作为人类一员，在地球上所需要的种种生存技能。其中的重头戏“房屋和土地利用”被卡恩单独拿出来，填充内容后专门出版，这就是《庇护所》。梁井宇的中文翻译版本最后成稿时达40多万字，厚厚一大本。

“北美地区向来都有自己动手的传统。他们的祖先到了新大陆要建造家园，所以一切都需要亲手掌握。”梁井宇在加拿大工作和生活过多年，对当地文化深有体会，“他们崇尚亲自动手解决问题。家庭里男主人都会修房子、修车，加上他们住宅区的建筑密度很低，所以盖房子很多时候是个人劳动而非专业化行为。”与北美相比，中国拥有漫长的手工艺历史和开放的学徒制度，专业分工明确，传承悠久，这与欧洲的手工艺技能长期被共济会把持，造成普及和传播受限有很大不同。

《庇护所》将人类历史上出现过的洞穴、草屋、帐篷、木屋、仓房、农庄等各种建筑形式都进行了梳理，并以图文方式展现手工建造房屋的具体步骤和原理。它在20世纪70年代出版时，受到嬉皮士群体的欢迎，里面许多超前思想，如主张回归小型有机农业、自给自足的生产方式，都可以被理解为早期的绿色生态建筑理念。“里面大段描述都好像是在说现在的中国，反对过度消费，反思环境污染。”在翻译的过程中，梁井宇同时也对自己习以为常的思想体系做了一个全面的梳理。

大栅栏更新计划

他的这些反思，直到2011年北京正式启动“大栅栏更新计划”才终于得以实践。

大栅栏属于北京前门地区的历史街区，它在现代化浪潮中似乎被时代所遗忘，曾经的繁华街市衰落得只剩下老旧失修的胡同大杂院和低消费观光旅游产业。大栅栏更新计划有北京市文化历史保护区政策的指导和西城区区政府的支持，由广安控股旗下的大栅栏投资有限责任公司作为实施方，希望通过市场化运作来进行旧城的“微循环改造”。

建筑师梁井宇受邀成为改造主持者之一，他负责对煤市街以西做整体规划，并把其中的杨梅竹斜街作为具体改造试点。当时摆在他们眼前的旧城改造样板有两种，第一种是北京的前门大街、琉璃厂西街，成都的宽窄巷子，即把当地所有建筑恢复成历史上某个时期的风格样式，对其进行仿古式改造；第二种是北京的南锣鼓巷、云南的丽江古城、上海的田子坊，即一部分由租户自发改造，一部分由政府参与规划和引导。可事实上，这两种方式都有严重缺陷。

这些改造方式最后都会导致老城的原住居民被清退，而混乱的商业形态也会让历史街区沦为旅游景点，人们走马观花、到此一游之后便迅速离开。梁井宇和他的团队尝试使用“有机更新”的方法，在现实中控制住某些关键部分，而不是将原来建筑全部拆除、统一规划改造。

首先，他们对既有房屋进行合理业态配比，并精确到每一家每一户。比如哪几间是

杨梅竹斜街改造前
供图：场域建筑

改造后的大栅栏杨梅竹斜街入口
供图：NDC（日本设计中心）

改造前与改造后的杨梅竹斜街（青云阁附近） 供图：场域建筑

原住居民的产权，哪几间可以进行商业经营，规划好咖啡馆、餐厅、书店等，接下来严格按照规划来找业主。“商业和居民想要的肯定不是一回事，所以这里的工作注定不是一次性可以完成的。”他说，“一开始我们就设定了10年的目标，就是为了防止发展过快而造成不可逆转的损害。”

经过五六年的改造，现在的杨梅竹斜街得到了多方认可。原住居民的私房基本没有变化，被改造出租的商业空间也没有出现重复业态而导致恶性竞争。整条街的商家甚至成立了商会，今后所有街区相关的改建变动都需要空间使用者共同参与决定。

梁井宇从这次社会实践中充分感受到：建筑专业里面学到的东西远不足以应付复杂的现实问题。“表面上，我们反对拆平旧城重新盖房子，但是骨子里其实盼望那样做，因为那样就可以不去考虑当地复杂的历史文脉，把工作都简化成‘在一张白纸上写字’。这样既为原创设计找到合法标签，也为历史无知找到很好的借口——你可以说，我这就是面向未来的新东西，无须关注过去。”他说，“这样的设计表面上看是进步，实际是对现实复杂状况的逃避，对建筑历史与文化传统的逃避，是简单化、偷懒的做法。因此，现代建筑才会显得越来越无力，与社会大众脱节，变成了小众的奢侈品和资本的玩具。”除此之外，他还通过大栅栏项目清醒地意识到，新房子不一定比老房子更好。那些四合院经过了几代人，直到近几十年才变得破败

粮库艺术中心长廊和院子

不堪，而这只是由于其产权复杂，使用者不够爱惜它们而致。其实，那些从历史和民间传承下来的空间，在很大程度上可以满足人类栖居所需。

“这些事情都与我的焦虑联系起来，这种焦虑推动我去寻找稍微坚实一点的工作土壤。”梁井宇说，“我们这代建筑师缺乏理论根基，缺乏社会土壤；在两个层面都不够坚实，不仅在社会关系网络里面不坚实，在物质层面上也不坚实。”

于是，农村就渐渐进入了他的视野。

茅贡粮库艺术中心

梁井宇起先只是想在乡下盖个房子自己住。刚好在那段时间他受邀在贵州省黔东南苗族侗族自治州下属黎平县的茅贡镇改造一座废弃粮库。于是，他把这个项目看作自己在实践中学习乡村的机会。

梁井宇不太愿意因为这次改造就被贴上“乡村建设”的标签，因为自己既没有学术理论，也不想把它当成什么宏伟目标。在工作过程中，他的确保持了这一姿态：不

茅贡粮库艺术中心远景

茅贡粮库艺术中心长廊

茅贡粮库艺术中心长廊

对技术盲目崇拜，承认传统建筑有其合理的一面。而这两点正是过去几年间，他从《庇护所》和大栅栏项目中学到的。“这两者都符合农村的现实。”他说，“首先，在城市里都还算稀有昂贵的高新技术，怎么可能短时期大规模地传到农村？其次，农民几千年来盖房子遵循着一套传统，如果突然冒出一个外来建筑师对其妄加指导，会非常吃力不讨好。所以，我们要学着用农村人的方法、材料和工艺盖房子。”

可是，如果农村人自己就能够盖好房子，为什么还要请城里的知名建筑师来？梁井宇认为这是他焦虑的核心。

茅贡镇地处贵州、湖南、广西三省区交界处，下辖15个行政村，其中有10个都是“中国传统村落”，并延伸到周边的“百里侗寨”，几乎随处可见宝贵的传统乡村生态。为了不让这里被商业过度侵蚀，地扪侗族生态博物馆馆长任和昕与出版人、策展人左靖尝试抢先一步行动，在旅游大潮来临之前，先在镇上修建集散地和游客中转站。茅贡粮库艺术中心应运而生。

这个废旧空间经改造之后，既可以举办展览，让游客们以此为探索乡村的起点与终点，并且为纪念品展售、餐饮业提供机遇，也可以作为艺术家和创意阶层的驻留地，让他们与当地居民发生联系，激活传统文化在新时代的生命力。“一方面，外来资源在此集中和生发，当地资源不再流失或外溢，最终使乡镇成为物质、文化生产消费的目的地；另一方面，可以严格控制不良资本进村，保护好村寨的自然生态和社区文脉，以及乡土文化的承袭与言传。”左靖在2016年威尼斯双年展的茅贡改造项目参展说明文字里这样写道。

梁井宇和他的团队花了几个月的时间对粮库进行改建，使用木制走廊围出院落，挑高的室内空间尽量露出原先的房梁、屋脊和砖瓦。他事后总结，这里面有两点是农民做不到的：其一是对空间功能的设想，其二是审美。“农民不会预估到这个房子将来会做什么使用，毕竟艺术空间这个概念基本上还是属于城里人的。其实，艺术空间背后的本质是社区生活空间。”他说，“在人民公社之后，农村的公共生活就被打乱了，包产到户政策把集体行为变成了个体之间的小型合作，供销社、粮库这些地方都遭到废弃。面对这种情况，农民应该自下而上提出自己的使用需求。此时，建筑师的介入就会比较有力。”

另一方面，近些年来农村盖房子都向城里人看齐。大部分村民觉得砖混结构一定比穿斗式木结构来得好，混凝土框架、砖墙、抹灰仿佛成了某种时尚。这时候，建筑师就希望可以用朴素的方法告诉周围的村民，传统材料和工艺才具有真正长久的美感。“这种审美不是空降来的，而是根植于他们祖祖辈辈的建造方法，来源于当地特产的木材。” 梁井宇说，“如果拿赤脚医生打比方，城里的建筑师这么多年来就是在做过度治疗。不过，这样积累下来的知识经验在农村非常实际的需求面前，反而可以更加明确地起到作用，知道如何做出恰如其分的建筑。”

在此基础上，他开始渐渐意识到，建筑师群体完全可以在农村有所作为。

建筑师在农村

梁井宇经过思考之后，慢慢得出这样的结论：城市里的技术、资本和建筑师的热情与才能都可以有的放矢地运用在农村。

茅贡粮库艺术中心展厅内部

而且，当下的乡村建设实际上非常紧迫。过去，在城市里做事还能将广大农村作为退路，尚有改变余地，可是一旦农村开始拷贝城市的发展模式，会造成不可逆的巨大损失。尽管“乡村建设”被赋予了太多光环和意义，但至少它与“城市建设”还是有着清晰的边界的。一个公认的观点是：我们不是在搞第二次城市化运动。

事实上，以城市化的方式建设农村的过程已经开始了。以茅贡镇为例，房地产、旅游开发都虎视眈眈地盯着城里人喜欢的“乡村风光”。要改变这种趋势，建筑师与知识分子可以作为资本的先头兵，慢慢引导。这是比较保险的路径，不会造成一连串不可预计的结果。以乡镇作为大坝，可以拦住外来势力对村落的侵蚀——至少也起到延缓作用。

从过去十几年间全国各地古城改造和开发的案例来看，延缓几年也会起到显著的保护作用。“人的意识提高得非常快。如果丽江现在才被人发现，才开始做旅游，那肯定就不会被毁掉。10年前被拆的建筑，现在很多不可能被拆除。从保护者的角度来看，这样的延缓仿佛是种妥协，可我感觉，但凡可以妥协、拖延的改造开发，可以不一步到位的，都能够等到决策者慢慢成熟起来。”梁井宇说。

茅贡粮库艺术中心屋顶

在北京大栅栏老城更新计划中，梁井宇就运用了这样的思路。第一次做北京国际设计周，为了吸引相关领导去现场参观，他们收拾出破烂的四合院老房子做临时展览。领导们眼见为实之后，紧跟着就有可能改变思路。“凭借城里人对农村风光的美丽想象，房地产商找来一流建筑师做一组美丽的民宿，将其做成想象中的模样。结果就会导致周围的农民迅速发现商机，马上拆掉自己的房子，改建成不伦不类的民宿来挣钱。这是非常危险的。”他说。因此，在2016年威尼斯建筑双年展中国馆的展览中，作为策展人的梁井宇就把茅贡改造的案例放了进去。其目的就是向各个乡村建设的团队说明，不要做得太快、太好，否则一两个设计师就可能毁掉整个村子。

梁井宇认为，建筑师是知识分子当中最没有观点和态度的群体，他们扮演着“调和者”的角色，需要同时与权力、资本和城市空间使用者周旋。没有哪个群体可以像建筑师这样中立，同时与各方又有着紧密的合作关系。“我们也很容易被污名化，很难扯清自己的道德标准。但恰恰是调和者的身份可以比站队很清楚的那些人更有成效地做事。这是实用主义的观点，但是我越来越接受这个，因为每种道德标准都是相对的。权衡各方利益，求平衡，这些都是合理的善意。”他说。

对于农村建设的未来，梁井宇提出，首先可以将传统建筑材料装备化、预制化，设计一整套上下水、保温设施，以装配产品的方法做成商品。农民可以在他们现有的房屋里安装整体浴室或太阳能发电采暖系统，从微观层面逐步改善农村的现代化生活。“我们无法给所有农村建设都配备最专业的建筑师，但是完全可以依托传统木结构的基础，在此基础上稍做改良。木结构好处太多，环保、可循环，十几年即可成材，比钢筋混凝土还好。而外挂屋面、外墙，都可以在工厂预制再出售，运输到当地进行拼装。所以在可见的未来，农民能直接在工厂买房子，这将会是个巨大的市场。”他说。

“原来我们都以为，回到传统就是抛弃现有的技术，但其实未来与传统并不是对立的。传统在不断流动，每个时代都有各自的理解。工业革命对立于农业，但是信息革命反倒不尽然。”他举例说，许多欧洲的老城都没有经历过现代化改造，可是到了今天，通信、交通问题突然因技术的发展迎刃而解。也许农村建设的问题也会随着技术进步而得到妥善解决。而建筑师会继续站在潮流当中，做出自己的贡献。

（茅贡镇的图片由场域建筑、左靖、黄缅贵、朱锐共同提供）

黄印武 怕什么诗意无穷 进一步有进一步的欢喜

朱清华

沙溪的田园风光

16年前，瑞士修复团队带来1 400万元人民币的国际基金，这跨国度的资助唤醒了沉睡的茶马古镇——沙溪。16年后，当初的瑞士修复团队早已离开，而黄印武留了下来，他在沙溪买下一栋老宅，过起了随遇而安的生活。我们对沙溪的“爱之深”，大多源于对自己生活的“恨之切”。沙溪成了很多人寄托理想的载体，这个理想是“生活在别处”。但对黄印武来说，生活即此刻。

2016年5月，黄印武带着沙溪复兴工程的成果去威尼斯参加展览，在所有冠之以“国”“中央”“北京”等声名显赫的建筑师头衔中，他的头衔显得朴实另类——剑川县沙溪源乡村合作中心建筑师。

黄印武第一次与沙溪相识，是在2003年3月。走在寺登街上，木质的柜台向外凸

出，道路两旁没有路灯，但月光如水。颓败破碎的景象中，黄印武仿佛寻到了少年时的生活场景。如今，目光清亮、步履轻盈仍如少年的建筑师黄先生，是沙溪最隐秘的存在。普通游客很难将他与沙溪克制的古建修复联系起来，而当地人生活中的一丝一缕却再不能与他分开。

当我问他理想是什么的时候，并未得到期望中高远的回答。“我想看看沙溪未来会变成什么样子，看它会不会回到其他古镇的发展模式里去。我在这里还有事做，我就会一直做下去。”黄印武未给自己设定宏大的乡村建设愿景，自然的过程中缓慢流淌出点滴情怀。在沙溪的去与留，他从来没有做过刻意选择，而美好的事情正在发生，不需要焦虑，只需要耐心。近一年，在他的带领下，沙溪马坪关的路通了，垃圾能顺利运出。

梁漱溟当年搞乡村建设，常常苦恼于与农民最迫切的需要脱节。乡村建设的价值，不在于知识精英完成社会理想的文化下乡，而在于农民究竟可以从中得到什么好处。虽然也殚精竭虑，但是因为没有能真正走到农民的生活中去，所谓乡村建设，有时便成了知识精英自己感动自己，却不能打动农民的事业。

这样的困惑，黄印武也曾有过。

“为了谁做”这个问题，黄印武的回答坚定，肯定不是从自己的需求去做。“建筑再重要它还是一个建筑，它构不成一个村子；村里面有生活，才有活力。”但要如何放下傲慢与偏见，重拾乡村生活的温情与敬意？

2003年，乍见之欢

昆明与瑞士的苏黎世是国际友好城市，瑞士方面几乎每年都会派一批专家团队，主要帮助昆明做一些城市规划的工作。其中有一位专家雅克博士，可以说是沙溪的“伯乐”。他不是偶然来到云南，也不是偶然来到沙溪，他是带着明确的目的——去寻找一处能复制瑞士古建修复模式的地方。而沙溪寺登街之所以被选中，一是因为它完整再现了当年马帮停留的生活场景，是一个完整的历史空间；二是因为它规模适中，易于把控。后来，雅克博士把沙溪申报给了世界纪念性建筑基金会。2001年10月，世界纪念性建筑基金会在美国纽约宣布：中国云南沙溪寺登街区入选2002年世界纪念性建筑遗产保护名录。寺登街因此与埃及的国王

马坪关新建的寺庙大门，2017年

谷、意大利的庞贝古城和中国的万里长城齐名。

“中国沙溪（寺登街）区域是茶马古道上唯一幸存的集市，有完整的戏台、客栈、寺庙和寨门，使这个连接西藏和南亚的集市相当完备。”世界纪念性建筑基金会的这一评价，道出了沙溪曾经的辉煌。

沙溪的历史最早可追溯到2 400多年前的春秋战国时期。它的北面紧接藏区，南面就是普洱，历史上过往的马帮都会在这里停留。从前，藏人用马匹交换茶叶，然后一路穿越高原，把茶叶运到拉萨。这个小镇一时商贾云集，百业昌盛。20世纪中叶之后，交通运输升级换代，汽车替代了传统马帮，茶马古道衰落了。在沙溪，“山间铃响马帮来”的热闹场面成为历史，一个喧闹的广场回归宁静。这份宁静，守住了50年。在2003年瑞士人到来之前，沙溪是剑川县一个被遗忘的历史角落，闭塞、贫穷，看不到发展的前景，更不明白沙溪古镇对于外界的价值何在。

就在沙溪复兴工程筹备的同时，湖北人黄印武即将从瑞士联邦理工大学毕业。2003年，他加入了筹备小组，带着国外的资金来到沙溪，成为沙溪复兴工程瑞士

修复中的风雨桥，2017年

方负责人。“当时的沙溪就像废弃在院子里的旧东西。突然有过路人觉得这东西好，表示自己愿意把它修好。东西的主人觉得无所谓，你想修就修吧。于是，过路人很有耐心地修了几年，不时地引起一些围观，旧东西的知名度越来越高。又过了几年，东西修得差不多了，附近识货的有钱人过来一看，纷纷表示那是一个宝物。东西的旧主人就有点忐忑了：本来是个不要的废物，现在成宝贝了，揣着这宝贝该干点啥？该如何应对那位修好了东西的过路人？”

但凡无数偶然拼凑起来的结果，都略带一点荒诞的色彩。如果没有雅克博士和国外基金，沙溪会怎么样？会不会是一种更具中国特色的发展模式？为什么我们总是通过外人的眼睛发现美？外国人要来沙溪做什么？实现什么目标？

外国的基金会一共筹集了1 400多万元资金用于沙溪的修复。如今，作为一个游客，在不了解它原貌的情况下，你很难看出什么地方被修复过，什么地方没有。一扇破旧的大门依然沧桑，一座古老的戏台朴实如昨。看不出来修过，即是最大的成功。一句连村里老人都懂的“修旧如旧”已经被普及得相当广泛。但是高品质地修复公共建筑和保护文化遗产，诸如戏台、寺庙、寨门、广场等建筑，这只是项目的第一层目标。

当时，黄印武在这里主导设计和实施工作。修复团队选择三扇有一百多年历史的民居大门试点修复。几扇大门和一个民居，面积加起来不过100多平方米，修复团队遵循最大的保留原则，用了一年时间完成了试点修复。在充分了解了剑川的工匠、技术、材料后，后面的修复速度则突飞猛进。项目组用接下来的半年时

瑞士专家在现场指导修复工作，2004年

间，又修复了几十倍于这个试点的建筑，包括戏台、兴教寺的大门、老马店等。

“我们刚到这里、在修这些老房子的时候，当地人其实都不太理解。这样的房子对他们来说太多了，根本不缺这些老房子，为什么我们要花这么大的精力、这么多的资金，去做这么一点点微不足道的事情？”为了寻求身份认同，村民们抛却生活的舒适性和文化的延续性，更愿意去建造钢筋混凝土的房子。在四方街开店的尹先生说：“刚开始这些钢混盖起来，大家都觉得比较有面子，出去外边打工

上：四方街古戏台修复前后对比

中：修复前后的兴教寺。经过激烈论证，修复后的兴教寺看起来已经像个寺庙的样子，这也是修复组当年在修复中做出的最大改变

下：曾经的兴教寺保护碑文。修复后，保护碑文被拆除，多了哼哈二将

上：曾经的东寨门。修复中没有太大改动，往事依旧
中：曾经的四方街古戏台在修复组织的帮助下得到了真实而完整的修复
下：东寨门前曾经的沙滩建成了一个拥有大广场的公园

十几年，我们都像城里人一样住钢混房。”文化自信不是一天就能形成的。当游客纷至沓来，饶有兴致地打量老木头房子时，他们过去的经验被打破了。原来，老房子也有价值，而这价值，体现在价格上。

乘之愈往，识之愈真——在沙溪阅读时间

黄印武说，乡村的建筑设计自由是空前的，因为它突破了城市的空间规划限制；建筑，对建筑师而言，是一件纯粹的事。但在沙溪，建筑师的纯粹遇上了村民的社会属性。黄印武的城市经验是，设计房子追求标新立异、与众不同，彰显的是

建筑背后的那个“我”。而在乡村，多元的设计，反而造成村民的选择麻烦。那些走出乡村看见城市又回归乡村的人，才会有审美独特性的需求；对大多数村民而言，建房不是严谨的画图纸盖章，它更像一个社会过程，在这个过程中，邻里亲疏关系和社会身份象征一并形成。村民更需要的是社会身份的认同，而不是审美的区分。

在《在沙溪阅读时间》中，黄印武写道：“历史有时就是这般冷漠，如果你不认识她，即便和她对面相逢，换来的也不过是一次擦肩而过。厘清文化遗产斑驳痕迹里的时间线索，顺藤摸瓜找到被历史尘埃蒙蔽的事实，以一定的方式展现或表达出来，让更多的人一目了然，这正是文化遗产保护的基本目的之一；换句话说，文化遗产保护的成败取决于‘阅读时间的能力’。”

乘之愈往，识之愈真。如将不尽，与古为新。

在修复过程中，黄印武和他所代表的瑞士方掌握着资金，拥有修复的主动权。他们固执、强势，但这些从天而降的外来者并没有生硬地打断沙溪原本的文化风俗脉络，没有随自己臆想设置、凭空建造乡村，他们严谨、克制、求真。而与此同时，代表着中方的剑川县政府，宁愿修得快，不要修得精，担心速度，而不在乎品质。一个四方街广场的石头，瑞士方坚持原来的石头在哪，修好后石头还在哪；而剑川县政府认为，全部换成新的，施工起来比较快。四方街广场上那些一百多年的旧石头，是一去不回的岁月的馈赠。保留住它们，就是对历史的回眸。然而由于与当地政府在“阅读时间的能力”上的差异，修复广场时，双方甚至因观念不合而停工两次。若没有瑞士方的不妥协，恐怕我们如今看到的也是千篇一律的仿古建筑。

仿古建筑单一，缺乏多元的文化，按照一个既定的思想形成。这与今天的沙溪背道而驰。今天的沙溪是由不同时期的工匠、在不同的条件下、利用不同的材料创造出的一个多元的历史空间，每一个物件背后都有它的来处。这种丰富性不是通过模仿、仿造能够实现的。黄印武一直觉得，历史空间的价值在于它的时间。对于文化遗产的修复，讲究“少”就是“多”。把尽量多的历史信息保留下来，减少对它原始状态的干预，因为干预得越多，历史信息会丧失得越多。黄印武坚持，遗产保护必须把建筑师本身放在第二位，退在所保护的遗产后面。建筑师的创造性是为了不被人看到的创造性。“修复的过程是一个解读的方式。大家通常说修旧如旧，但是我们并不这么讲。我们说要体现它的价值，该旧一定要旧，该旧的东西不要换成新的，该更新的东西不要让它破败。”

2005年，沙溪复兴工程获得联合国教科文组织亚太地区的遗产保护奖，沙溪的修复成果逐渐被国外所知。但可以这么说，这个目标和村民们基本没有关系。村民内心深处也希望修复好这些公共建筑，但这和他们的种地收割没什么必然联系。这个修复阶段，是自上而下的。

历史环境和现代生活是否天然对立？

沙溪复兴工程项目启动时，由于村子里缺乏必要的生活设施和生活条件，村民已陆续往外迁移。在黄印武看来，沙溪复兴并非单纯的建筑修复那么简单。村子修复了，村民会回来吗？黄印武团队希望人们在一个历史的环境里仍然能享受现代的生活。于是，第二个阶段修复的目标便关系到“人”。

“经济的发展最后是要回到老百姓的生活里面去。我们希望能够提升当地人的幸福感。”在第二个阶段水、电、排污系统等基础设施的建设中，仍然遇到一些阻力。当地政府认为技术上不可行，但建筑师黄印武最不怕的就是技术难题，他用不妥协保证了品质。于是，电线被埋到了地下，沙溪村民从此抬起头就是天空，再也看不到电线的干扰，这是在剑川县城都无法实现的美事。

沙溪复兴工程还在进行的时候，《孤独星球》的英文版把沙溪收录了进去，不少背包客从世界各地远道而来。2006年，商业活动开始在这里复苏。外地来的商人首先在这里聚集，客栈、咖啡馆在古镇中落地生根。越来越多的人觉得沙溪变吵了，原汁原味的本地生活越来越少，商业服务则日趋增多，本地人对外来资本无力还击，情怀与膨胀的欲望一同在这里生长。黄印武也感觉到生活的空间在被一点一点挤压。“我住的地方现在东南西北都是客栈。这边这户的房子整体提升了一米，直接影响到我院子的光照。北边那户在房子的后墙开了几个窗，可以直接看得到我的院子，我就把围墙加高了。本来是个很矮的围墙，是一种很亲切的尺度，现在不得已要把它提升。”

在实现这第二个目标的过程中，一些文化冲击也出现了。从前，老宅里的中堂是供奉祖先的地方，不能随意改造成卫生间或客房，如今，这一原则已让位于资本利

曾经的沙溪马场已经成为一家酒店的商业街

益，再去谈论传统恐怕显得矫情。从前，村里都在使用旱厕，水冲厕所推广极难，因为这是对原有生活方式的一种打扰，结果“厕所改革”在外地人的带动下终于完成——游客不能没有水冲厕所。

2007年，58号小院的房租，10年4.2万元；2014年，隔壁酒吧的房租，20年120万元。投资的成本变了，经营方式也被迫转变，一些打着文化旗号经营的店铺多了，情怀成了逐利本性的隐身衣。再后来，由于自己经营不仅费心思还不一定保收益，外租房屋成为大势所趋。一年之内，仅仅一个工头的手上就有50栋新居在村子外围落成。寺登街的发展脱离了服务当地人的轨道，“我们现在看到的结果是，本地人又搬出了村子，从一个有基础设施的地方搬到了一个没有基础设施的地方。他们又回到了原来。”黄印武或多或少感到担忧，又有些力不从心，毕竟现代社会人的自由流动，已经不像一座古建筑一样容易把握在手中。

从沙溪往北或者往南几个小时的车程，就是丽江和大理。2014年，寺登街的演进开始显现出丽江的影子。“在这样的经济条件下，村民做出这样的选择其实无可厚非，但我们站在一个旁观者的角度来看，会认为这种选择可能会失去更多。”黄印武并不排斥游客，也欢迎多元的投资者，但他希望任何一个来到沙溪的人，都能够认同沙溪本身的文化价值，而不仅仅带着逐利的心态。

建筑之外，生活之内：修复的目的不是修复，而是生活本身

有人说，黄印武是一位连接历史和未来的造城者。如今我们看到的修复好的沙溪古建筑，很大程度上有黄印武的个人色彩。起初黄印武是一名古建筑修复者，如今他做的事有很多在建筑之外，而更像一名乡村建设者。他一直有疑问：沙溪未来会不会失控？他曾保护过沙溪的过去，如今他想守护这座古镇的未来。“保护的实现是靠当地的这群人，这不是一个领导或者几个专家就能实现的，我们可以看到现在有很多很现实的例子，很多专家痛心疾首，但很多很好的遗产都被破坏了。”

中国有两百多座古镇，为了招揽游客，纷纷变成了整齐划一的景区。黄印武一直想要抵抗这种趋同发展，他希望在发展经济的同时能够保持乡村的生活气息。他开始思考行之有效的乡村建设道路——那既不是对城市的拙劣模仿，也并非对乡愁的浪漫想象。

2003年，修复团队进驻村子时，当地人并没有很深地了解这些外国人要在这里做什么；等到古建筑修复好之后，更深层次的乡村发展思路也不在当地村民的思考范围之内。复兴项目，从一开始便是一种自上而下的方式。如今，黄印武在反思，修复过程可能过于脱离群众，所以才留不住人。“太远的理想，对于农民而言不太现实，只是我们有这么一个愿景，我们所做的事情是向这个愿景而努力。所以我们的方式和群众之间，并没有一个直接的联系。”

“沙溪不是摆在博物馆里展览的器物，它的建筑、它的街道、它的一草一木、它托举的日常生活以及发生在其上的故事，这些‘活的东西’全都是保护的对象。”联合国教科文组织的杜晓帆说。对于活态的文化遗产，维持现状不是目的，而是要发展社区。居民的利益应该最大化，而非外来的资本侵入把利益攫取之后，当地居民只得到微小利益。

修复工程的第三层次的目标，是整个沙溪坝古村落的可持续发展。如果非要用一句话概括沙溪复兴工程的目的，黄印武说，那便是让当地人过上更好的生活。但事实上，我们不能说当地人离“更好的生活”这个理想越来越远，至少从经济收益上，外租房屋同样也能一劳永逸获得可观收入。我们不能对急于摆脱贫困的村民说，保持老房子的原始风貌多好呀。将自己关于浪漫乡愁的想象寄托于沙溪，不过是一厢情愿罢了。

修复中的城隍庙与茶马古道博物馆

只是，让生活变得更好是必然的结果，但取得这个结果的过程，才是目标本身。很多人模糊了手段和目标的区别。修复的目的不是为了修复，而是为了生活。黄印武之后在马坪关的尝试，从社区建设开始，从和老百姓合作入手，用一种自下而上的方式，和老百姓的具体生活发生了密切的联系。当建设能切实改变现实生活时，乡村建设的构想就变得简单了。“助人自助，我们只是为你们搬了一把梯子。”

2017年，久处不厌

目前，在距离寺登街两千米的地方，黄印武正主持一个新的项目：城隍庙和沙溪博物馆的修建。城隍庙的修复是因黄印武看到了本主对白族人的意义，他想恢复这一精神中心的地位，使之成为重要的文化凝聚场所。这是继寺登街这一商业区域后的另一个公共空间。黄印武希望引导沙溪坝子往南边发展。虽然黄印武也遗憾没有较早地介入寺登街的发展，但他仍愿意相信，在更大范围内的沙溪坝子，在更长远的未来，还会呈现更多的可能性。

孔子说过，庶之富之教之。毫无疑问，沙溪百姓如今的生活渐渐好了，沙溪物价甚至赶超了剑川县城。富之，有了或多或少的收获，而教之，也不再是高高在上的说教。在弧形广场外，未来将形成一个交流空间，人们对信息的获取从过去的被动接收变为互动交流。使村民们看到外面的世界，就是这个交流空间的意义之所在。建筑师不进行刻意而强制的灌输，不去要求，只提供场所和能力建设，如果村民有交流的渴望，便确保他有办法获得。这是黄印武不想过多抒发的良苦用心。黄印武同时还希望，未来让沙溪18个村轮流派代表管理城隍庙，通过自治管理的模式，把城隍庙作为社区参与管理和运作的地方，以此来强化社区的作用。

虽然市场和行政的力量都在把沙溪往丽江古城走过的那条路上推，但黄印武还是对自己的新项目有信心。旅游业并不是古镇发展的唯一方向，而且沙溪古镇修复的名声在外，这一点是黄印武抵抗过度开发的王牌。“我不希望前面这么多年的努力和投入，因为一个很细小的失误而毁于一旦。所以我觉得这个项目本身很特别，在将来也应该很特别。”“从沙溪到沙溪”这个过程是发展的，也是必然的，建筑师也许没有办法选择是否需要发展，但是可以选择发展的路径。黄印武更愿意相信，这个过程是一个不断趋近于理想沙溪的过程。

沙溪，全国一流特色小镇，2014年中国建制镇，新兴城镇化试点，田园综合体，中国人居环境范例奖。这些年，名与利正纷至沓来。对别人来说，沙溪是“诗和远方”，对黄印武则是“此心安处是吾乡”。真的爱乡村，爱它的失败与伟大，爱它的忧伤与莽撞，放下傲慢与偏见，平视它，爱它的本来面目。这不是软弱空虚的抒情。2003年以来，黄印武始终守护着沙溪。哀叹宁静的消失是一种略带矫情的事，但这并不意味着宁静本身是可笑的，我们不能在失去宁静的同时，失去对宁静的向往。怕什么诗意无穷，进一步有进一步的欢喜。

白日西沉，夜幕降临，田间地头劳作的人们向着家的袅袅炊烟走去，四方街的吉他清清远远地弹着，悠扬绵长，飘出四方街的星空。茶马古道的月亮早已沉了下去，马帮的驼铃声留给黑潓江的只剩背影，可50年前的建筑又重新活了起来，古戏台依然不断上演着白族人民的信仰与烦忧。这些古老的建筑，随时作答，却从不压迫，只要有它们在，人们的心意就不会落空。守护者黄印武和沙溪的故事还没讲完，完不了。

（本文图片由黄印武、张永茂提供）

什么样的新杭派民居

设计师孟凡浩的一次命题作文

丁倩琳

东梓关村鸟瞰
供图：Shiromio工作室

乡村天地广阔，乡村建筑大有可为。在乡村建筑复兴的浪潮中，越来越多的中国建筑师开始将目光从城市转向乡村。建筑师孟凡浩也不例外。从乡建领域的初探到乡村的多样化复兴，他与乡村建筑的关系正变得越来越紧密。伴随着现代化建设的诸多无奈，行列式的机械布局、满铺式层层叠加的破败荒凉感早已成为当代乡村的固有形象。对于这样的现状，孟凡浩也在思考：在当代乡村建筑中，建筑师应该承担什么样的责任，扮演什么样的角色，“上山下乡”又到底所之为何。杭州市富阳东梓关村回迁农居项目给了孟凡浩一个近距离实践和思考的契机。

一、契机

从业至今十余年的孟凡浩此前一直着力于直面市场的商业设计，他将聚焦点从城市转向乡村，源自东梓关这个政府主导的命题作文。2014年12月17日，杭州市人民政府办公厅印发《“杭派民居”示范村创建工作实施办法》，计划用两年时间打造“杭派民居”示范点，首批选入包括富阳东梓关村在内的13个示范村，邀请了浙江省多家设计院进行设计。孟凡浩所在的gad杰地设计，由于在城市的人居环境塑造方面拥有大量成功的案例与经验，受到政府关注。在政府的邀请下，团队就在这样一个拥有典型杭派风格的江南村落，开始了第一次乡村实践——这占地25亩的12组46幢民居，就是“浙江省重点历史文化古村落”保护工程的一期工程。

东梓关村位于杭州富阳场口镇西部，因郁达夫同名小说而著名。村子由东梓和屠家两个自然村组成，整个村居沿富春江水岸呈带状分布。明清时期，作为水陆交通的枢纽，东梓关村也曾兴荣一时，文脉悠远，底蕴深厚。一代骨科名医张绍富就出生于富春江畔，祖上三代于此为乡邻行医，善治跌打损伤。郁达夫在此发表了同名短篇小说《东梓关》，也为这个宁静的江南小镇蒙上了浓浓的乡情归愁。

然而随着水运航道和农业的双双衰败，这个曾经繁盛一时的历史文化村落也日益凋敝。在城镇化进程中，乡村空心化越发严重，破败萧索，人口外流，居住人群年龄结构单一。当2014年孟凡浩带领设计团队第一次进村时，全村人口已不足两千人，且真正住在村里的只有大约300人。同时，宅基地制度的固化，划分原则的单一，也让乡村呈现出兵营式排布的样貌。城乡互动的设计实践曾试图激发古老村落的活力，但这种仅仅是城里人通过资本占有乡村资源、另一些城里人来消费的生产关系，并不能从根本上解决问题。粗放的模式和失控的管理并没有得到妥善解决，本地人更没有成为未来规划的一部分。传统村落的原真性与多样化的场所感荡然无

田野望去的东梓关村
摄影：孟凡浩

存，罗马柱式、建筑高度及层数却成了农户价值指向和财力的象征。

二、命题作文

乡村建筑既是对生活品质的提升，也是对文化风骨的重塑。东梓关回迁农居作为“新杭派民居”示范区，试图探索出一种适合乡村大规模人居环境的改善策略和操作模式。“示范区”，顾名思义就是具有典型特征的、值得推广的尝试，兼具审美价值和实用属性。这就决定了东梓关在设计服务对象、宅基地政策限制、成本造价与品质平衡等方面，都与往常的商业设计完全不同。

当地政府为避免村民各自建房，破坏村落的整体格局，决定先由村集体统一征地，然后由外包公司统一进行规划设计和代建。同时，设计还需遵循国家的宅基地政策，每户落地面积不得超过120平方米，每平方米造价不能高于1 500元。最终，建成后回迁的村民只需根据原住房的面积差，按照1 376元/平方米的成本造价购入，每栋最终的造价大约为36万~40万元。

在代建之外，当地政府还为之投入围墙外的市政配套，包括煤气管道、

兼顾审美与私密性的立面实景
摄影：胡栋

网络、三线下移绿化景观和道路共约1 300多万元。“新杭派民居”的风格设定，“低造价”、“高品质”和“可推广”的逻辑特点，使得东梓关的设计就好比一道命题作文——如何在固定面积下，以低成本实现更高品质的新杭派乡村人居环境。除此之外，建筑师还在新老村落交界处设一村民活动中心，将有形的空间载体和无形的场所精神融为空间本身的建构逻辑，为村庄注入新的活力。

三、设计逻辑

面对这道被严格限定的命题作文，建筑师孟凡浩有自己的理解。出身于南京大学建筑与城市规划学院的他在求学期间就奠定了扎实的乡建基础，孟凡浩说：“求学最大的收获不仅是设计的基本方法和设计策略，更多的是设计价值观的塑立。”设计，不论是城市建设还是乡村复兴，必定是基于限定条件下的分析和推理，进而形成的结果。分析和推理的前提就是实事求是的调研，围绕解决问题的思路去回应场所环境，以形成设计中的策略。

在地性：“新杭派民居”的解读

关于“新杭派民居”的理解，孟凡浩认为这并不仅仅是石库门、人字坡和木板墙，而是更有魅力的水墨雅致所散发的温婉气韵。形态上的“江南”概念让他很快联想

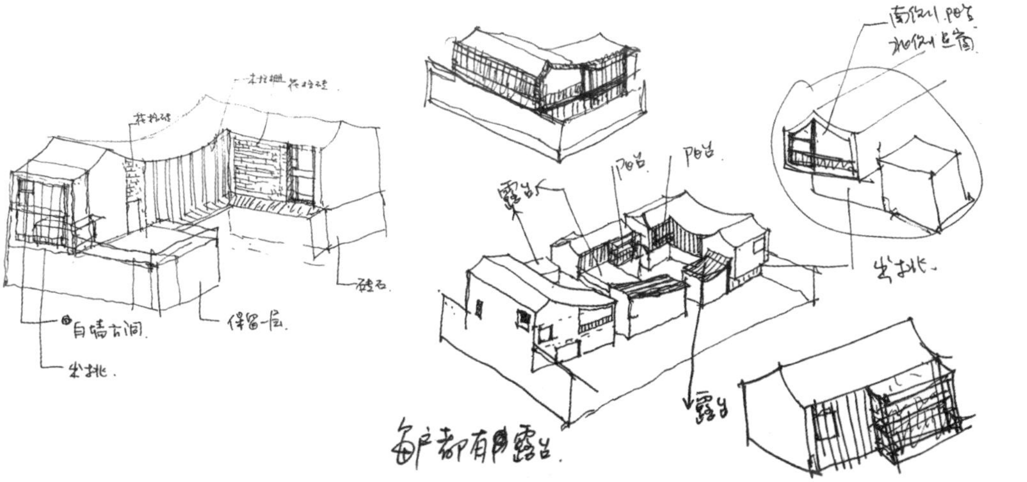

孟凡浩关于『新杭派民居』的设计草图　供图：孟凡浩

到吴冠中的画作：吴冠中的水彩画不透露任何工笔画的痕迹，仅以简单几画抽象写意的笔触，就让人不经意地联想到江南水乡。基于此，他跳脱出所谓符号化的框架，写意地表达江南意境。设计上结合了传统民居人字屋面中微曲、起翘的做法，再通过抽象与重构策略将屋顶做成不对称坡和连续坡，几个单元相互连接，使得屋面关系相互呼应，深灰色屋顶与白色墙体相互映衬，完成了传统建筑界面的现代化转译。

但这样的想法，在建筑正式落成前遇到村民的不认可和疑问，有些村民甚至把这样的建筑称为“四不像”，既不像修旧如旧的假古董，也不像时髦的欧式别墅。村民们无来由、无取舍、自发性地趋向西式建筑，致使他们起初对这样的设计难以理解。然而半年后，随着粉墙黛瓦的落成和社会各界的关注，村民们也自发地跟随城市的价值判断，从不理解、抵触，慢慢产生了认同感。

多样性：乡村聚落的呈现

乡村聚落的“多样性”是东梓关设计的重点。孟凡浩从4个基本单元出发，进而衍生出多种组团形式，再由组团构成村落，并在设计中迁移了一幢老房子复建在中心位置，改造成乡村图书馆，形成整体聚落感。关于乡村聚落的重塑，孟凡浩认为当代设计应从传统聚落中寻找关联，而不是从传统的生成机制中寻找成因。传统成因具有时代的局限性，在那个时代的村落生成体系中，个体特点和需求都能被完整呈现；而在当代社会，住宅设计更像是一种批量化的生产模式，在追求速度的同时却弱化了每个地块的独特性。

方案汇报后，主要负责的副市长曾亲自致电表示对设计的认可，但为了更全面地展示乡村民居的丰富性和多样性，希望能针对当地46户人家设计出46个定制化户型。但孟凡浩依然倾向于选择只包含4个基本单元的设计方案。他认为这样的设计策略具有三点合理性：其一，中国传统聚落的多样性是由于自下而上的自发生长而来，时间跨度大，涉及个人因素众多，而当代的村落形成机制早已完全不同，采用完全传统的方式未必适合当代乡建；其次，46个完全不同的户型很难保证未来房子分配的公平和公正，为日后的回迁埋下巨大纠纷隐患；其三，每家每户的生活习惯和人口结构都不一样，46户人家的要求也不尽相同，这样完全个性化定制的设计，需要大量时间的实地调研，这也是时间节点所不允许的。这样的解释很快被认可，设计得以如期进行。

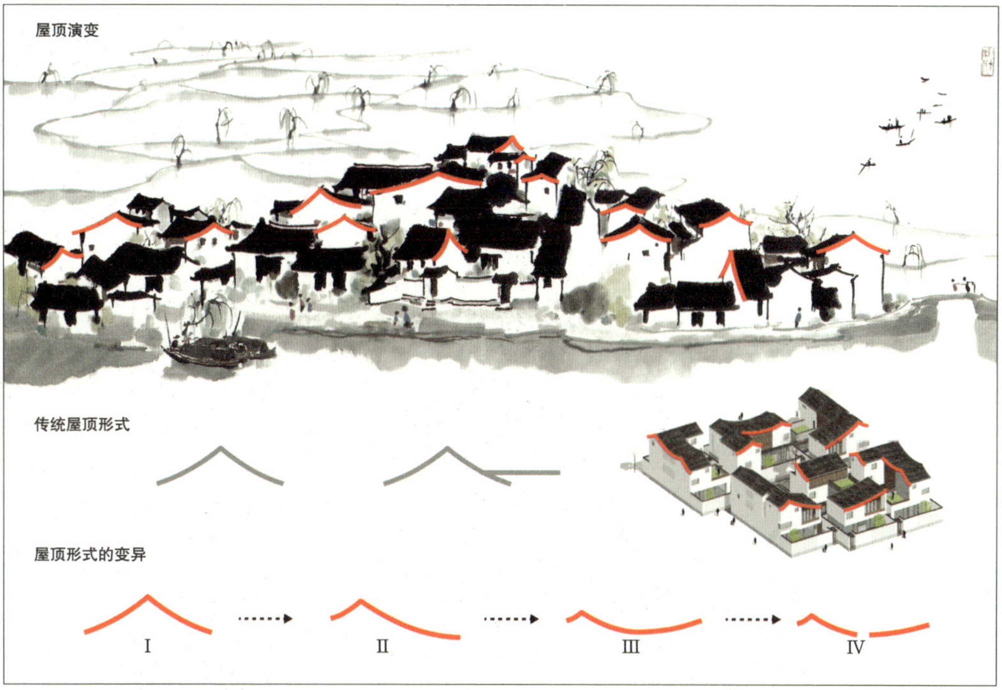

上：传统意象要素的提取

下：鸟瞰效果图

村民活动中心外部实景
摄影：赵奕龙

公共性：价值感的归属

建筑师在回迁农居以北、新老村落交界处设置一村民活动中心。相较于当代大多数村民活动中心因长期封闭而失去活力的使用状态，东梓关村民活动中心共有两层，一层对外开放，二层局部联通，兼具村民自发活动和红白宴会的双重属性。开放的空间特质满足不同时态下的功能需求，连同连续起伏的屋面与村民生活化的场景，共同构筑“大屋檐下的微型小世界”。

作为承载全体村民的公共活动场所，村民活动中心设计以较小的尺度单元承载生活的多样性、丰富性和细微性。从棋牌游戏、电影放映、体育活动，到小铺叫卖，生活化的语境被细分为相对独立的小场景，来往的人群可在连通内外的灰空间里自由穿梭、停留，空气、光和自然则在无形中成为公共生活的背景。集会、看戏、红白喜事等相对重要且人群密集的场合，则可通过合理的布局将空间再次整合。

整个空间被覆盖在一个连续的钢构屋面之下，外有木材包裹；顶部设置多个天窗，满足采光需要，也引入周边自然；下压的屋檐和外延的挑台板划出可让人安静下来的空间。不同高度的小尺度单元与连廊组合，空间序列开始变得立体且丰富；青砖墙体呈棱状凹凸排布，以深色石材压顶，由当地村民亲手打磨，与当地常见建筑材料共同呈现自然、传统与当代生活的融合，也映射出村民熟悉的生活场景。

活动中心与村民生活　摄影：赵奕龙

村民活动中心内部空间
摄影：赵奕龙

大屋檐下的空间限定
摄影：赵奕龙

村民在活动中心首次活动结束后的集体留影　摄影：知了青年

关于价值感的归属，也体现在建构方式中。村民活动中心关于公共性的实践和时间记忆的存储，由村民施工队共同参与并最终投入使用。这样的建造模式能激发甚至自发形成公共活动，而建筑则作为一种媒介，成为人与人之间的最大化连接。

此外，建筑师还在图书馆和活动中心之间围成一个村民集会广场，为当地村民提供一个大型公共活动的场所，从而形成三个不同等级的开放空间系统，既配合了新老村落的衔接和需要，也保留了村民熟悉的场景感。

可推广性：成本与品质的平衡

成本和品质的平衡，是政府、村民、建筑师各方都关注的话题。孟凡浩深知，只有当造价成本能够被居民接受，功能空间得到满足，乡村营建模式才会得到借鉴和推广，达到“示范”的目的。因此，建筑师不仅在户型设计上要充分尊重村民的实际需求，更应在实现低造价的同时，使回迁农居保持基本的品质和自我生长的空间。

着眼经济、实用、耐久的原则，考虑建筑的全生命周期内的综合成本、施工简易程度，以及方便村民的日常维护和使用等因素，孟凡浩选用了白涂料、灰砖面以及仿木纹金属等商品化成熟的材料，减少木头、夯土、石头等用料的使用。在建筑工业上，他也不回避当代工业化模式，选择最为经济的砖混结构形式、保温刚性屋面楼板和防水保温外墙。在檐口设计上，以内檐沟做法进行有组织排水，使白墙得到有效保护。屋面以平台的形式安放用于获取生活热水的太阳能板，维持立面和屋面的连续性和整洁感。整体景观环境坚持实用价值取向，摒弃水景等观赏性景观，街巷空间以硬质界面为主，绿植为辅，兼具生活设施，沿水界面以及停车区集中增加绿化密度，形成疏密有致的节奏。

立面实景 摄影：姚力

家庭院落实景 摄影：姚力

街巷实景 摄影：姚力

从建成的反馈来看，东梓关已基本达到“可推广”的目的，但孟凡浩却表示在对施工容错性和村民使用度上的预判，仍与现实存在一定差距。东梓关的曲线屋顶是对江南特质的核心表达，但这对既定的施工队来说施工难度太高，远达不到图纸再现的状态。另外，为保证外立面整体效果，孟凡浩为每户都预留了空调外机的摆放平台，但村民们却表示不知道装在哪里，并在外墙随意打洞、安装，甚至有几户将设计好的设备平台改造为室内空间。在这样的情况下，孟凡浩只好带着打印好的图纸，现场教他们如何安装。

就目前的状况来看，当代乡村的施工水准和村民的认知水平可能远比想象的要差，

街巷实景 摄影：姚力

若能在设计中避免施工的不可控，或是提前做好村民的科普工作，或许能让设计呈现出更好的状态。

四、建造难题

建筑师代表着职业性和专业性，能够提供技术支持、实现空间品质提升。但无论是城市空间营建，还是乡村领域探索，其关键都在于对设计诉求的理解和对自身身份的认知把控。相较于城市大型开发商明确的业主诉求，东梓关回迁农居作为当代乡村建设的典型案例，建筑师所面对的服务对象和设计视角都发生了明显转变。

黄昏田野里的远望 摄影：姚力

在孟凡浩看来，建筑师进入乡村，首先要放下精英的身段，在设计初期深入了解乡村文化习俗，在营建过程中理解村民的生活诉求，再通过适度借力政府，做好示范和引导工作。建筑师作为政府和村民之间的沟通桥梁和纽带，理应设身处地地换位思考，努力拿捏介入的分寸。随着村民在营建过程中参与度的逐步提升，建筑师则应逐步将主导权让渡给使用者：在设计中留出弹性空间，使之能够在生活中有更多的选择权。孟凡浩表示，务实、适度的身份定位，能让建筑师更好地运用专业能力引导村民的审美；而建筑师对介入度的把控，不仅能有效提升村民的参与度，激发村民的主人翁意识，更能在双方相互学习的过程中，促进乡建的多元化尝试。

观念：沟通与妥协

作为从城市来的建筑师，往往很难切实关注到城乡观念的差异，实地调研和与村民的交流互动就显得尤为重要。为更深入了解用户的使用诉求，设计团队前后组织了两次村民座谈会，并发放调查问卷以了解村民的生活习惯，但实际的反馈情况与团队早期的预判却有不同。

在设计初期，建筑师为每户农居设置了不同的大门朝向，以增加出入口的丰富性和街巷的层次感。但在沟通过程中，几乎每个村民都提到了希望大门方向一定要朝南向。出于对习俗的尊重，建筑师最终将所有的大门都设计为朝南开放。其次，很多村民都不希望共用一堵墙，这一点也通过空间的合理排布得以保持每栋房子的独立性。除此之外，建筑师为保证以后每家可入户停车，取消一个农居储藏室改作车库使用，但村民们纷纷表示车库可以不要，储藏室绝不能少，因此设计最终只在村落集中设置了三个停车场，每户步行20米即可到达。

还有些有意思的插曲也让人感到意外。比如村民明确表示不希望在自家周边种树，他们认为敞亮是最重要的，而树会影响采光。建筑师只能把树都往中间挤了挤，或者干脆种到后院——村民们对北边种树倒不介意。分房的价格也与城市住宅的定价完全相反，同样的户型，沿街住宅价格高，夹在中间的价格低。可能这就是真实的城乡观念差异吧。

观念差异也伴随着适度的妥协。在原本的设计中，设计团队给每户人家都设计了3米高的围墙，在高密度的情况下形成连续的街巷界面，兼顾私密性和审美性。但在实际建造过程中，有几户人家坚持要求施工方降低高度。尽管设计团队一直试图说服村民高墙围合院落是旧时大户人家的象征，但最后还是有4户的院墙高度降低了40厘米。

建筑师当然希望设计作品能得到使用者的认可，但不得不承认，在设计过程中向农村居民解释设计逻辑并非易事，且这样的不理解，可能不是短时间内能改变的。

定位：建筑师的自我认知

随着东梓关村项目的推进，孟凡浩也在不断思考。当代乡建既不同于城市高端空间营建，也不像传统村庄聚落那样具备有序生长的衍生要素，如果建筑师能在设计中适度克制自我的表达，将更多话语权留给村民和社会，少一些功利性和目的性，反而会带来更多积极正面的社会效应。

从村民的角度来看，他们作为最直接的关联方，通常文化背景多元，利益纠葛复杂，而且审美价值仍有待提高，他们的想法可能与政府主导的方向并不完全一致，因此，全民参与营建的模式暂且难以实现。那么，以政府为主导，辅以建筑师专业

施工现场
摄影：孟凡浩

技术加持的开发模式，或许能够解决当下乡村建设的混乱状态，快速高效地提升乡村建设品质，也具有较高的可操作性和实施性。

在整个项目营建中，孟凡浩始终积极地与村民保持沟通，倾听并参考了村民对于功能和规划的策略意见。这样的做法在一定程度上也影响了村民对于新农居的认同感，促进了乡村建设“生产本质”的回归。孟凡浩认为，当其他条件进一步成熟，建筑师或许能够从“授人以鱼”转向“授人以渔”，用专业性和职业性辅助实际使用者完成“自下而上”的当代乡村营建。

五、建成后的反馈

作为杭州市第一批美丽乡村建设的示范区，本项目从设计之初到正式落成，一直受到社会各界的关注。对于建筑师而言，这不仅仅是一次关乎住宅的设计实现，更是一次关乎乡村大环境的社会实验。许多村民用毕生的积蓄才得以置换新房，所以设计的成败在很大程度上取决于他们的评价和体验。

2016年7月，由村政府组织进行抽签分房，设计团队受邀出席，村民们满脸紧张和期待。设计人员从现场与村民的交谈中发现，村民们关注的重点更多的并非房屋本身的文化取向、美学价值，而是家里的独立农具储藏空间是否齐全，大门是否都体面地向南而开，在家门口是否可以和邻居一起洗菜谈心，电瓶车进门后是否能立即停靠以避免风吹雨淋，金属门窗是不是不怕雨、不腐烂、不需替换修补，房间尺寸够不够大、数量够不够多，等等。当这些心愿被一一满足，孟凡浩心里的大石才慢慢落下。

分房现场，村民朱国平一家最终抽到一套面积为344平方米的新居，也就是整片新居最大的户型。在此之前，他们一家5口已在距离东梓关村20分钟车程的富阳市区定居多年。现在他们打算把这里打造成民宿，闲暇时也可过来自住。年过70的方炳鑫则是另一类典型代表。方炳鑫的儿子同村里的大部分年轻人一样，早在2004年就去富阳县城闯荡，过年时才回乡，大部分时间都只有方炳鑫独居在村里。分房装修入住后，随着东梓关村项目的落成，方炳鑫的孙子方一天回家的频次日渐增多，有时还会带着朋友们一起来过周末。前不久，方一天把微信朋友圈的封面照换成了一幅新房子的轮廓图。他在一次媒体采访时表示“有考虑回村子里发展”。这位年仅22岁的小伙子表示他确实和父亲商量过这事，“随着游客增多，开家小店会是不错的主意”。

新媒体时代，网络的力量也放大了社会关注的效应。媒体记者长枪短炮，游客蜂拥而至，这些也改变着当地村民对建筑的认同感和价值判断。央视新闻、《发现》等国内外媒体的大量报道，美国2017 Architizer A+ Awards等专业奖项的加持，东梓关知名度的提高瞬时引来外出人口的大量回流，经济集聚效应进一步放大。这些生活中发生的改变，也正在深刻地改变着当今的社会结构。从这一点看，乡村建筑的社会意义可能远远大于建筑本身。

六、关于乡建未来的思考

东梓关项目给了孟凡浩近距离实践和剖析乡村建设的契机。东梓关项目的立项、整体规划、方案设计、具体建造等一系列过程中的失控、妥协、坚持都使得孟凡浩对于当代乡村建设这个大命题有了更丰富、更深入的认知。

首先，乡村聚居群落有其自身的内在机制，不能背道而行。“江山千里，元气淋

黄昏时的东梓关村
摄影：姚力

水墨江南里的东梓关村
摄影：缪纯乐

漓”，传统的乡村建筑群落应该如同《千里江山图》中所描绘的场景，建筑与自然相契相融。传统的村落形制没有明确和先验的目标，聚落的密度、结构和间隙，通常是通过村落有机组织体内要素不断协调、自然生长而衍生出来的物质形态，具有强大的自我更新的机能。这就意味着城市化居住模式和传统民居复刻绝不是乡村农居发展的方向。

其次，对于传统的传承，孟凡浩认为，建筑师更应该持一种批判性怀旧的态度，不要流于表象的承接，而应当结合当代生活的需求和审美，不断推陈出新，赋予村落时代的风貌。当代乡村建筑应该保留传统建造形制中优秀的、实用的建筑结构和空间布置，但这并不是简单的拿来主义。作为建筑师，更需要在材料、建筑方式、施工模式上烙下属于这个时代的特点和印记。如果只是一味地模仿传统，那就意味着当下这个时代的缺席。竭力避免城市对传统乡村肌理的侵袭，还原乡村的原真性，以当代的形式语言重构传统元素，以当代的建筑方式实现地域性表达，可能是当前乡村建设营造中较为适宜的理念和趋向。

再者，深入探索建筑师与乡村建设的关系，构建全新的乡村建设模式，是对建筑师提出的更高要求。东梓关回迁农居作为一次基于特定模式下为改善乡村人居环境的物质空间实践，孟凡浩通过规划、功能、空间、形制和材料等五个方面的策略探索，试图剖析当下建筑师介入乡村建设的立场、角色和定位，尝试一些可操作性较强的应对措施，并希望能够有助于这些策略和建议的可复制性。这样的实践，是对建筑师身份的重新把控，也是对新型乡村建设模式的探索性尝试。

最重要的，是引入新产业，实现乡村的永续性生长。当前的乡村建设是在现有体制下，以政府为主导、村民参与、专业技术人员辅助支持的外力推进模式，这与以往的自然生长衍生模式截然不同，如此模式下的乡村永续性生长还有待实践的检验。但值得关注的是，当代乡村建设仅有一点靓丽的外壳，提供一些有地域性、时代感的物质空间是远远不够的，更亟须通过政策导向、体系优化、模式创新来解决乡村生产、生活、生态等系统性问题。从这个角度来说，无论是政府主观“从上而下”地希望自然传统村落的繁衍兴盛，还是村民自身“自下而上”地希望世世代代生活方式的传承，抑或是通过艺术嫁接使得乡村再现活力、产业的导入等，都是让乡村永续的重要内核，尤其借产业内核引得人口回流，促进经济发展，是值得期待的发展模式。此外，无论是小镇复兴还是村落重生，若仅靠城市资本涌入，不与本地人发生直接关系，并不能从根本上解决问题。本地人作为村庄的活力源泉，始终都不应该被隔离在外，而城市回流人口和外来休闲旅客的诉求也同样应得到重视。

关于乡村的未来，孟凡浩将其总结为：洁净是基础，产业是支撑，文化是灵魂，只有产业的导入、文脉风骨的重塑、民风民俗的传承，才能重新充实乡村结构的肌理，激活乡村生活的活力，使之焕发新生。而关于乡村内核牵引的长期驱动力的思考，他也正用更多样化的实践深入探索未来乡村的更多可能。

刘国沧嵩口改造日记

口述 刘国沧
文 许灵怡

未改造前的嵩口古渡口区域，这里承载着古镇往昔的繁荣历史

一个用了上千年时间、经历种种纷乱形成的古镇，进入当代生活时只用了几十年时间便迅速没落下去。如何逆转这个趋势，原本就是一件很难的事情。嵩口的改造，三年时间都已经太过急躁。在开始引进业态时，我和鲍镇长说过，大家已经看到这个古镇的可能性了，这很好，但不能急，要耐心吸引能为古镇加分的人。一般认同之后想要更快进入这个古镇的很可能有两种与文化有关的人：一种是生意人，想来做文化的生意；另一种是文化人，认同这个地方，想要到这个地方生活，他会用他专业上的技能在这边过活，然后产生商业活动。通常好的店是第二种情况下开出来的，而这种状况其实是急不得的，必须给时间给资源，越着急越有可能让他们跑开。如果他愿意用一年的时间来试试看，或者根本就是整个都搬过来生活；如果除了喜欢这里的山水，生活环境也越来越好，文化感受越来越强烈，大家觉得可以很好地生活在乡村的土地上，对乡村感兴趣的人也能在这片土地上找到自己喜欢的生活方式，就不会只有往大城市发展的单一选择了。

就像你来嵩口看到的是很多不同时期的房子在一起，这本来是一座古镇的缺点，但是当我们将这些梳理成比较舒适的环境，让每个阶段的面貌都能清晰展现的时候，

在古镇活化上，新旧杂糅的嵩口反而是加分的

就可以很好地了解在演变的年代里它们是如何堆叠并存的。产业发展上也是如此，应该新旧融合。我们找来地方的食材特产重新演绎成新的东西，展示这个时代的人会做什么、能做什么，与那些旧日的味道在市场上可以并存，让本地人去体验更多的可能性，让他们了解这样的情况可以发生，并且不会互相排斥，还能彼此加分、合作。假如这个状态能出现，那就是嵩口的特殊性，但这个特殊性又是可复制的，嵩口模式的未来就是会有更多这样的好事在其他地方发生。如果非要说这是一种怎样的乡建模式，我想嵩口模式并不是单一的，不是艺术家去到村里和本地人一起生活，却没有产生太多联系，也不像是景区发展强加消费刺激，而是希望能够出现友好、互相促进的多种形态。这份笔记记录下的些许片段与思虑，或者可以作为一种参考。我们说嵩口模式，不是给出什么结论，而是树立一个目标。因为嵩口的一切一直都还是个过程，我们现在是在不断地改造进程中暂停片刻，回忆一下来时的路途，分析一下踏下的脚步。

2013年11月，与嵩口的初次见面

11月底，我在嵩口待了两天一夜。去完培田再到嵩口，感受很不一样。我们给培田下的定义是“民间故宫”，因为那里的古建筑群很完整，它的问题是如何把人引进去，这和嵩口的情况很不同。鲍镇长来接我，我们聊了一路，我能感受到他对这座古镇的热情和对其内涵的了解。进入古镇后，说实在话，第一眼的感觉是这里大街上的建筑并没有太大的特色，一般人觉得应该是没有潜力的，因为这里已经改建而且属于抢建的建筑很多，老房子破落闲置的也很多。从建筑和聚落的历史保存完整度来看，嵩口确实不理想，可是我们看到了其中居民的生活是存在的。因为居民在这里面持续生活着，所以才会在院子里搭棚子；为了预备小孩以后分房、成家，所以经常会先盖一些空着的楼层。这个在一般人看起来是扣分的，这在建筑保护上也是扣分的，但从古镇的活化上，我们把它看成是加分的，因为这边的人还是想在这里生活，他们并不想遗弃这里的环境。所以，并不是古建筑保护得好就能够长期地发展。嵩口的生活状态十分吸引我，当地人还在自己的土地上用传统的方式去生产与生活，所以我能看到房子旁边就有菜园，小巷路边是晾晒的线面，这些都很珍贵。当时我就觉得这里的处境是大部分古镇都会面临的，但是很多地方会选择终止当地人的生活，盖新的住宅让大家搬出去，然后我们就会看到修整过的古镇，似乎很完整，不过不少都是新盖起来的“老房子”，在这些空间里看不到本地人在生活。我很庆幸第一次到嵩口时，这里还没有走到那一步。

第一天刚到嵩口，我就和他们说不要吃饭，特别是不要吃那种坐下来一吃吃很久的饭。我请鲍镇长他们陪着我到处看，包括钻到一些很小的路上去。我到的时候就让他们给我地图，因为这样才能从环境的架构上去看。我们穿越了很多本来被挡住要绕到后面才能看到的，或者是临时被围挡的巷弄，从下午一直逛到晚上八九点，就初步定下了核心游道的路线。到了晚上的时候，我发现嵩口很暗，应该是有一些工程的缘故，中山路上没有路灯。很多古村落都是这样。可以看到很多人晚饭后自在开心地散步，但都是走在马路中间，而且还有些垃圾在飞舞。虽然这说明了这个地方是有生气有活力的，但是让人感到没有什么秩序。当时我就觉得有一件很重要的事情是，假如我们能让这个画面改变，就表示地方的生活有了很大的变化。事实证明后来政府的一些工作很见成效，现在街道变干净了很多。我和出租车司机聊天，他自己主动说嵩口变干净了，让他感受到明显的变化，也看到了希望。在这里生活的普通人感受到了发展的可能，大家也渐渐不会随便对待这片土地，随便乱丢垃圾了。

虽然鲍镇长他们也都知道古码头对嵩口古镇的意义，但是一开始并没有把它提到很重要的位置。真正进来之前我们就已经看过一些资料，再听当地人的介绍，听到很多很吸引人的零碎的故事，譬如张圣君、张元幹，这样我们就比较了解本地的历史地理故事，这些都是他们很为自己骄傲的部分。我们觉得这一点很好，因为如果很多人觉得自己的家乡什么都没有，这样挖掘起来就会比较辛苦。嵩口还有很多让我感兴趣的部分，比如那些一进古镇就可以看到的新房子，都是裸妆的现代化建筑，这些建筑如果不拆掉可以怎么处理？比如古渡口这样的公共空间，怎么去找出最重要又最少的点，就可以让环境的整体感和历史质感凸显出来，而不是需要一再通过口头描述才能感受得到？再比如在这个乡土的环境里有许多乡土的建材，我们该如何去运用？

两天一夜的观察时间不算太多，我们会选择一些特别的点去关注。第一，这个地方到底有没有生活的能量，这个很关键。人们有没有在用房子？什么人在用？如果是工人在用，那生活气息就很低，因为外地人不会替你珍惜你自己的文化。另外就是他们对待老房子的态度是怎么样的。虽然是第一次来，但通过看和问，就可以了解这些事情。第二，对方想发展文化产业的话，观光只是文化产业的一部分，这里还必须有足够的文化底蕴和生活能量。我来的时候，看到镇上有中学和小学，因为我第一个在意的就是这里有没有年轻人。年轻人分很多种，工厂里也会有很多年轻人，关键是有没有在这里就学的年轻人。如果有，就有城镇后续发

“打开联合”在嵩口的办公场所。改造时特意留下了一小段不装吊顶，从那里可以看到原始的建筑构件

展的潜力。而嵩口的这些情况确实都比较好，看起来机会更大。而且政府和我们还有共同的认知，就是嵩口不要大拆大建，而要通过节点的衔接把整个环境串起来。

2014年3月，设立驻地工作站

我们回台湾后就开始研究并制订方案，虽然那时合同还没有签。离开嵩口后，我们有了一些想法，虽然不确定要不要去做，但是我们自己要先清楚能不能做好，有把握了才能答应下来。后来福建省旅游局的领导来台湾参访，顺道来了我们工作室，看到我们做了一大堆嵩口的设计图，觉得我们的做事方式比较特别，责任感很强，也增进了他们对我们的信心。

“打开联合”一直在做的事情并不是一味复“旧”，有时甚至需要比当代艺术家做的还要有当代感，还要让人耳目一新，所以一些作品（比如蓝晒图）出现在老区里面的时候，不但会受到本地老人的欢迎，同时会吸引全世界的目光。这也是去嵩口后，脑子里立刻有的思路。我们从文化的探讨开始，同时与当代的美学对话，所以对我们来说，并不排斥当代的建筑形式。重要的是在环境的纹理、历史的脉络里，我们应该完成的空间需要一个恰当的“样子”，这个“样子”让这些“老东西”和当代年轻人所受的美学训练吻合，这就需要我们尝试让两者去结合。历史是延续的，“打开联合”并不是要把整个城市或者乡镇推回从前，而是需要在这个节点给它一个机会更好地往下走，让当代人对它产生喜爱，而且能够在里面过上现代生活，这样历史才能顺利地往下走，不然就会变成畸形的观光区。我们选择项目的标准是，一起做事的人的观念是不是一致，动机是不是想为当地的居民用不急躁的方式把历史的情景在这个阶段用当代的方式往下发展。在嵩口我们认为可以，所以前期就花了很多精力去研究。后来我们又去了嵩口两三次，才敲定了入驻的一些细节。

前期我们和政府对接，先查阅了一些当地的情况，了解历史老街在哪里，和现在的生活做研究对照，当地的建材是怎样的，重要的节点空间的产权清晰不清晰，有没有受到限制的建筑物，这些建筑的样式和形式是怎样的，等等。我们是以规划和落地为目标的团队，所以前期会做许多细致的调查，譬如鹤形路原貌的推测，现存的哪一段是既有的风貌，哪一段是后来的，这些都是开始设计前要了解清楚的。我们在台湾也是一样的，要尊重当地原有的历史纹理，从材料、空间架构、建筑形式等方面去研究。过去我们帮渔民做过仓库设计，也是提前去研究他们的生活方式。虽然那些不是古建，只是渔民自己搭建的乱七八糟的棚架，但还是体现了他们生活上的需求。一个成熟的设计师可以在其中捕捉到他们的空间架构，哪里是储藏空间，哪里是工作区，这些都有自己的空间基因。

第一次去嵩口的时候，我就已经留意观察了政府的办公空间，看有没有合适的场所能提供给我们做规划室使用。在我们看来，规划室不仅是“打开联合”的办公场所，更是让以后来看嵩口未来发展的人最直接了解嵩口的地方，这里就像是一个展示的长廊。我们最后选择了闲置的旧镇政府二楼作为进驻空间，那里很适合我们近距离与镇政府沟通开会，有时候深夜十一二点鲍镇长还会跑来与我讨论改造的事情。我们把自己的宿舍租到了老街末尾宴魁厝边上的一栋新式建筑里。这种建筑是本地人对于现代生活的想象，对城市生活的复制，虽然没有什么美感，但是有着当代需求的所有便利。这栋在老房子中间的宿舍楼有着开阔的视野，与我们办公所在的镇政府，以及我们觉得最重要的古渡口，形成了一个三角形，可以保证我们每天都能走一遍游览线路。随后，日常的观察又融进我们的规划设计，都不用特地去踩点，你在里面过日子，对老街的脉络就会越来越熟悉。

邓海希望能在大陆做一些我们十几年一直在台湾做的事情，我认为这是一个机会，所以让他带领几位同事长期驻扎在嵩口，一些短期的工作任务我会在不同的时间点派驻相关的人员。因为是两岸办公，我们确认了每周固定几个时间的视频会议，密集地同步在线无缝协作，来解决许多细节上的项目问题。我觉得现代生活几乎没有给年轻人提供可以回到乡村的选择，乡村缺少年轻人工作的机会，所以当我们驻扎

修整中的直街。『打开嵩口』文创概念店是在这里开放的第一个试点空间

在嵩口后，特别去找当地的年轻人，是因为我们希望创造机会可以让他们回来工作。只要工作态度好，工作经验并不那么重要。这些年轻人的到来可以带动身边更多的人，让他们知道原来是可以在家乡找到工作的。通过在“打开联合”的实践，培训这些年轻人的能力，他们未来不论是自行创业还是继续留下来，都是我们乐意看到的。

2014年8月，方案与现实

如果把方案比作梦想，正式入驻后的头半年，可能就是梦想变为现实的一个关键过程。这个过程让我们得到了不少实际操作的经验，对我们之前方案里设计的一些工法在嵩口实施起来的具体优缺点有了更好的掌握。另外还明白了，很多方案虽提出来但并不一定都会被落实，100个提案里，几乎每一个我们都做了争取，能实现10个就很好了，因为这是现实。比如我们设计了田园广场用以种菜，但是无法取得土地。所以，我们要在其中选择出一些关键的点严格完成，其他的可以等到时机成熟时再去操作。原来我们只着重在古镇镇区，后面政府提出旅游方面的计划，所以我们也逐步去想这个事情。只从嵩口古镇中心区去思考满足整个旅游的强度是不恰当的，因为当地居民都在这里，只有延伸到周边的自然环境及特色村落，旅游资源才会丰富。我们进入嵩口后，跟着本地人到处走，一方面是去了解让他们自豪的东西，另一方面也从空间结构上进行整理。看过、体验过，才知道周边的村落适合做什么样的旅游主题，最后拟定出了“一核五片”的定位。

我们刚刚驻扎在嵩口的那段时间，镇上最核心的工作就是中山路的建筑立面改造。虽然我们觉得这并不是嵩口最着急要做的事情，但是搭上这个政策快车，可以让好的事情发生，接下来做其他事情的时候就会更顺利。比如，在这个阶段我们协助政府进行中山路的立面改造，就可以为未来如何处理老房子中间的那些新建筑以及瓷砖墙等问题提供一个范本。在这个过程中，我们还是会尽量去保持应有的节奏。镇政府希望把中山路立面一口气做好，不过车开进嵩口，大家看到的主街上都是新建筑，没有一目了然的古镇模样，造成了对嵩口的一些负面舆论，这让政府有不少压力。我们也做了改造的设计方案，但是会提醒哪些点先做效果更好，建议不用短时间内全部完成。大部分的乡民们还是向往城市生活的，他们的新建筑无一不反映出这一点，所以当提出统一整个古镇面貌的设计方案时，一定会有不理解的人。为什么要把崭新的瓷砖贴面改成仿夯土墙的样子？这种审美取向和观念都是乡村常见的，也是我们希望花时间去引导的，让他们了解传统的宝贵，在当代找回乡土的自信。所以我觉得新街立面的改造适可而止就好，在一些特殊的点上做出效果，后期让民众自己参与进来提出申请，遵照我们提供的设计原则来做，政府就不需要再花太多力气在这上面，可以把钱和精力转移到古建上去。

实际上，修古厝并不需要台湾团队千里迢迢跑过来，大陆有很多专业的古建修复团队，工匠也比台湾完整，所以不是用什么修复技术的问题，而是如何去利用这些古厝的模式，政府和私人如何出资，哪些可以交给政府代管，多久之后可以还给居民，这些事情要尽快确认。当整理的过程需要使用新的设计手法时，才是需要我们的地方，我们的心力其实在再利用的工作上。但是古建的维护和修复在我看来非常重要，很多人来嵩口就是为了看这些老房子，所以有些古厝是要赶快进行抢救的。嵩口的一些古厝产权很复杂，已经成立古厝理事会的，镇政府通过理事会进行沟通，这种改造也可以做出尊重历史文化和结合当代建筑美学的设计。我们一直希望旧的东西能留尽量留，能够少拆就尽量少拆，让一些本来不协调的建筑通过外观改造和古厝结合起来。这个改造也尽可能地去用当地的建材和“语言”。像在修复

鹤形路弯度最大的一处围墙结合了砖砌和土浆的工艺来修缮，因为如果想做成纯粹的土墙，用现在的夯土工艺已经没办法实现这么大的弯折度了

鹤形路之前，我们先做了夯土墙的打样试验，在试验过程中慢慢把原来的技艺熟悉起来，也为后面的修复工程积累经验。因为我们希望一栋老房子也不要拆掉，可以通过我们的设计手法让新旧互相交替，感受到传统的延续，以及不同时代的生活痕迹。有时改造过程中难免会遇到本地人的不理解，他们如果愿意协助我们把不恰当的部分遮掉，是最好的，但是如果不愿意，也没有问题。这就是我们设计师的挑战所在，通过造型的整理让景观连续起来，又不至干扰到别人的生活，这才叫创意。

与本地人的沟通一直是我们很重视的事情。在台湾做一些项目的时候，团队成员最好都能说闽南话，到嵩口，我们的团队里也要有人能说本地话，这样可以增进彼此的了解，参与社区的营造。我第一次来嵩口的时候，就发现本地的电影院是一栋十分特别的建筑，苏联式的立面很宏伟，但被闲置了，第二次来已经垮掉了一半。后来才知道这里是本地人口中的“大埕宫”，本地的一些老人想恢复它。我们入驻后没多久，立面就被拆掉了。当时我出面做了沟通，老人们的态度都比较强硬，施工者也是他们的成员之一，他们提出的方案可以看到一个很明显的庙顶，但是政府不会同意。我们的介入就是尽可能地调整出双方都能接受的设计，又符合本地人的需求。过去我们做设计方案一般都是3D建模，这一次我们改成了手工的模型，因为要给老人们看。这个小小的举措，可以让他们很直接地明白将要发生什么，以免对未知的事情产生排斥的情绪。为了综合几方意见，方案也改了七八版，我们在这里花了很大力气去了解冲突和矛盾的关键点在哪，然后进行舒压，最后得到让大家都满意的设计。后来在我们的建议下，镇政府的围墙也被拆掉了，这给本地人发出信号：政府这一次真的是要做些不一样的事情了。在这些过程里，鲍镇长一直是一个很重要的因

「打开联合」手工制作的电影庙（大埕宫）建筑模型

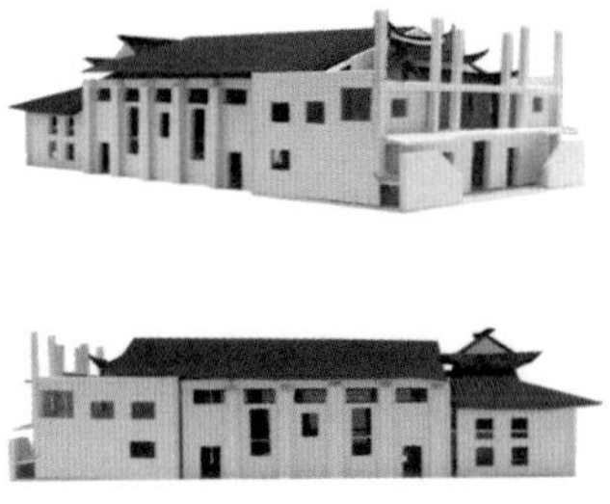

左：电影庙完工后，本地居民自发举行了『大埕宫重光庆典』，聘请闽剧团在此演出，当天现场座无虚席

右：改造后的渡口古榕广场重新成为举办各种公共活动的重要空间

素，他帮我们解决了许多方案落地的问题，很多项目都需要他来做关键的沟通，因为一开始甚至连一些政府的工作人员都不一定理解，我们究竟要做什么，嵩口究竟会变成什么样。

2015年3月，从公共空间到试点业态

过年前，电影庙完工，请了闽剧戏班。那一天我们本来是要去外地考察的，一看这个阵势，我急忙把大家从车上都叫回来，一起体验一下。那个空间已经闲置了几十年，很久没有这样热闹过，那股能量都快把屋顶掀翻了，在这里也一下就能感受到以前的嵩口是怎样的状态。大家因为电影庙演戏，纷纷返乡，聚拢到这里，说明公共空间真的很重要。在2014年的下半年，我们集中精力开启了好几个试点空间的改造，不过在执行的过程中，并没有一开始想象得那么灵活，即使镇里已经做了一些机制上的调整，但是没有在更高的行政级别里建立起一套机制，方案即使可以通过并开始执行，也是一个非常漫长的过程，而我们能做的就是持续跟踪，拜托各方师傅要用心。

我们一直都很注重公共空间的打造，这样可以让更多人共享。任何一个人都可以享受到的空间，是城乡治理里应该有的，这样可以触发公共活动。乡村里的庙宇与大树下就是最好的公共空间，这是我们老祖宗在村落里对自己生活环境的规划，过去的祭祀和生活的规矩比现在要到位。有些公共空间旁的建筑颓败，我们会建议政府拿来重新整合，让这个空间有更多可

能性，变成社区居民都可以使用的公共空间。我们会一起启动这些点状的改造项目。比如像村委会这样的建筑，可以改造成一个既有交流性质又有运营能力的公共空间，要营造出能让人了解嵩口未来业态和文化艺术活动的样貌，成为一个交流中心。“打开嵩口”选择落户直街的时候，那边的营业场所还很少，但是我们觉得必须有一个空间可以让人停留下来。两个空间的业态看似都是民宿，但“打开嵩口”示范的是一般民宿的状态，“松口气”是比较中高价位的老房改造利用方式，风格相似，材料运用却不同。“松口气”是官方的，所以在结构的稳固性、安全性上接受了很多永泰县建筑设计院的建议，做了大规模的加固，都是新的木梁柱，相对保守的做法；我们在“打开嵩口”就很灵活，按照我们自己的设计，可以不用太大的工程，但也可以做到稳固和安全。如果不这么尝试，其他老房子是没办法借鉴的。

我们是受政府邀请而来的改造团队，但并不会完全依赖政府，因为政府也有工作上的困难，即使想积极地推动，也还是有很多烦琐的程序。所以，我们在嵩口自己租老房子并出钱做改造，这样可以更自如地去试验，去研发产品，因此就有了“打开嵩口”。和房东沟通的时候，你会发现他们在拭目以待，同时还会提供意见，甚至帮忙改造。我们会保留一些老的墙面，而房东会觉得应该磨掉，他们还是喜欢新的东西。而在我们改造完成后，镇上陆续有人将这种改造方式运用到自己家的老房子里，我觉得这很好。在改造老房子的同时我们也在研发产品，我们觉得嵩口特别应

「打开嵩口」的空间效果图，多留少改，一举多得

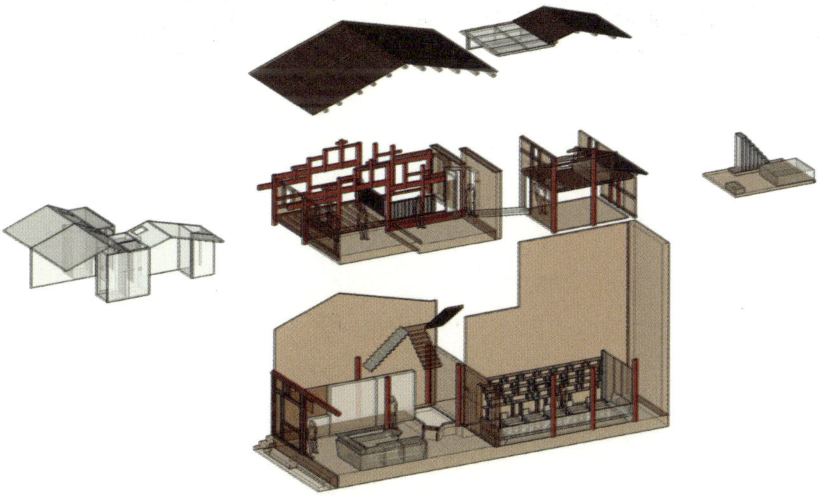

「打开嵩口」里用到的灯具都利用了本地竹编工艺，对其进行再设计后，请老师傅制作的

一楼后面座位区的椅子，一部分来自电影庙，还有一部分是用村里收来的条椅改造的。同时，老建筑原本的墙面和屋顶，也能让观者感受到时空的延续

该利用当地元素，如各种食材、手工艺，发展出新的商业形态。台湾的模式是把传统的东西放到新的营运方式里，譬如咖啡馆可以配传统点心。研发其实是食品方面的专业了，我们虽然不算专家，但是可以找到合适的合作方。因为在台湾累积的经验，我们合作过很多不同专业的人，所以我们邀请来了李兴华大哥，让他为嵩口量身定做方案，将嵩口最常见的食材李子、梅子设计成全新的产品。

李干是嵩口最有名的特产，在这里的日常生活里也能感受到它的地位。每年二三月份，大家都在等着李花开，一到夏天哪怕我们在赶工程，本地工人有时也会突然消失一两周——去收李子了。怎样让这样的特产吸引更多的城市人？我们想到现在被大众广为推崇的台湾特产凤梨酥，基本上大家去台湾旅游回来都会带上几盒。李大哥他们设计出的李子酥、梅子饼口味非常惊艳，我们也开设课程把这些研发出来的产品配方交给本地人，让他们自己再做改良，做成更丰富的产品。

「打开嵩口」挖掘了许多本地物产

2015年11月，“在地茁壮”

每个月初一、十五，嵩口赶圩。这是渡口形成后千年以来维持至今的习俗，大家挑了一堆货品来交易，像是一个“快闪”的存在。邓海看到赶圩就很兴奋也很珍惜，他觉得这种有小农色彩的快要被淘汰的交易方式还能在这个时代存在，实在很棒，有一种人类学式的精彩。我把集市规划为两块，一个是现在的集贸市场，另一个是初一、十五的赶圩，并针对嵩口的特性研发了新形态的摊车和棚架。在我们看来，传统与农创必须一起发生才有意思，所以弄清楚怎么管理，提供给什么样的人来用，需要继续做怎样的改良，等到政府的机制设立好，环境的整洁度到位了，配套跟上才可以。现在在嵩口已经可以感觉到当地民众的产业协助，卖东西的是本地人，除了因为市场需求批发来的货物，很多在卖的都是当地物产，这是我们在嵩口看到的比较正面的现象。嵩口的九重粿、葱饼、蛋燕都是本地特色，市集的性格也比较强烈，在这里可以看到货真价实的经济活力。我们的很多思路，都是伴随着这座古镇的成长，一点点慢慢去尝试，而不会轻易去干预。因为市场还是比较脆弱的，时机未到的时候，或是本地人的认识还没有到能一起参与的时候，过多的干预都是危险的。

我们从一开始就觉得渡口是嵩口最重要的部分。这里是迎来送往的码头，各种悲欢离合都在这里上演，市场由此而生。对于古渡口的打造，我们很早就在盘算，真正动工则是到了2015年。因为这个地方的核心地位，让我们更加谨慎，也在不断与居民做沟通，了解他们的想法。我们设计了古渡口的广场，以榕树为焦点，本来打算在水边种一些竹子或者芒草，但居民觉得竹子比较阴，会招蚊子。他们一定是更喜欢城市的绿化，虽然我们不希望那样，但民生还是首先要考虑的点，假如我们的设计让他们的生活不舒服，我们也不会勉强一定要做成什么样。所以在很多设计上，我们会不断去调整方案，顾及各方的感受。大家看到环境慢慢在变化，参与的热度逐渐提升，在地意识不断增强，我们所期待的“在地茁壮”也在慢慢发生。

改造正式启动后的一年里，我们一直处于一个非常忙碌的工作状态，许多项目堆叠在一起，又给自己预设了运营空间的压力。夏天之后，“打开嵩口”率先开始试营业，我们在前一个阶段利用本地食材设计的李子酥、梅子饼、鬼针草奶茶等新产品，随着空间开放而推出，很受欢迎，起到了比较好的示范作用，让大家看到了一种可能性。“打开嵩口”里还能看到我们设计的许多文创产品，不过游客还是大多进店喝杯奶茶吃块糕点，并没有太多文创产品的消费意识，这方面还需要一些培育的时间。虽然我们的团队现在驻扎在嵩口，陪伴着这里的成长，但是终有一天还是会离开，所以我们期待的是，前期由我们运营的像“打开嵩口”这样的空间，可以慢慢调整成本地人来参与。所以我们招聘培训的基本都是本地年轻人，他们有的从外地回来，还没想好在家里做什么，正好有了这样的工作岗位，和他在城市里打工差不多，这里也就成为很不错的选择。

在“打开嵩口”运营了一段时间后，我们发现本地的商户变多了，街上可以看到一些挂着“创客”标识的商铺。年轻人开始在嵩口做一些事情，不用什么事情都由我们来做，嵩口开始出现愿意自己去推动的力量。之前从“打开联合”出来的员工，已经可以独当一面来做更多的尝试，比如花了一年多改造的“松口气”客栈，最后政府交由几个年轻人来打理，这种感觉很好。所以，我们对自己2015年整个工作节奏做了调整，把原来认为很重要的运营人力配置做了精简。建设压力没有一开始那么大之后，我们的工作量也越来越稳定；对大陆有了深度接触与实践后，也开始思考未来的工作走向。

在我们看来，一些试点空间可以由文化人来带头，另外就是有心想做生意的当地人，这两类人是政府需要提供一些空间或者扶持的。在嵩口的起步阶段，要警惕的是做文化生意的生意人。在业态还没都起来的时候，贸然让太多这类人进入，是会有一个反作用的。经过一年多的改造，嵩口已经不像我们最初看到的那么颓败，大家也开始有了一些信心。我们想象中的业态，可能是转个弯遇见一个福州画家开的小茶馆，再走几步是本地人的布艺手工作坊或者竹器老铺，还有退休的教授在这里经营一些自己想做的空间，都是有意思有故事的店，但这都需要时间和资源，这也代表着嵩口一定不能快。

2016年10月，嵩口的夜色

2016年初，古镇上增加了住宿空间，除了政府投资运营的“松口气”客栈和我们做的“打开嵩口”，还有几家本地人做的酒店与民宿，有的也会特地让我们看看图纸，提些意见，装修风格上开始参考示范空间。这对于我们来说，真的是一件很欣慰的事情。随着媒体曝光度的增加，来嵩口的游客越来越多，有的还是特地从北上广深而来，到这里度个假。但是嵩口的改造仍在进行中，许多配套还跟不上，白天可以在古镇闲逛，晚上呢？第一次我来嵩口时感觉这里的夜晚很暗，后来路灯等基础设施都完善后，还是觉得缺点什么。晚上八九点过后，嵩口就开始安静下来，夜色隐去了镇上略显混乱的天际线，目之所及的是低矮的老厝，但又被笼罩在黑暗里。夜游古镇是一种很特殊的体验，这还需要一个触发点。

在台湾，我们做过好几次把当代的艺术手法带入灯会的规划，所以进入嵩口之后，我们就在考虑实施灯会的可能。有些人会觉得灯会是一个昙花一现的事情，但我们不这么想。在台湾做了那么多次灯会的心得是：如果是没有在地文化意识的“昙花一现”，那再怎么绚丽，都是浪费。我们应该用当代的手法体现乡土的文化题材，让本地人更清楚自己的价值。所有的大型装置都源自本地题材，紧扣海上丝路的渡口与古建景物，这是嵩口很重要的两件事情。这么做会发生几种特别的化学反应：第一种是把看不见的传统文化变得可见，比如我们把本地传统的“肥狮”做成灯，很多小朋友看了不知道是什么，老人家就会解释。当这个信息被讲出来，就是口耳相传的过程。第二种是可以重塑公共场地，比如嵩口本地人已经非常熟悉的古榕树和封火墙，我们在灯会上用魔幻的仪式来呈现，就像看到你五六十岁的父母穿上了西服、婚纱，让人刮目相看，改变了日常公共空间给人的印象，大家对它的理解、用法和价值观都会随之改变。第三种是前面两种的累加，看不见的加上看得见的，

「打开联合」在嵩口策划的灯会利用了各种本地元素进行设计

即使灯会结束了，也会产生一些长效的东西，这是我们想要的。灯会里加入了互动的环节，邀请了本地的居民来画灯笼。这些灯笼被布置在渡口一带，很多老人特地带朋友和家人看了好几次。因为灯会，他们会重新去一些很久没去的地方，我们的一部分目的就达到了。可惜台风把所有的计划都打乱了，灯会没有达到预期的人潮效果，居民和商户的期待都落空了。但未来，希望嵩口镇还是要尝试这种小规模的当代节庆，讲述嵩口的本地故事。

虽然灯会没能顺利举办，但我们也设置了未来能留下的常设型灯光，找了福州本地专业的灯光设计师来做。我们比较了解古镇，知道这里的游道、动线设置是怎么回事，给了不少建议。这样，嵩口的夜色里不再只有烧烤摊、麻将馆这些本地人的去处，外来的旅行者可以慢慢晃荡，一些老宅墙面与公共空间被灯光凸显出来，古镇的轮廓更加清晰。走在街巷里，有时只有你的脚步声，仿佛有点穿越。这些原来我们想象的画面在一点点实现，不过还有很多功课——晃荡之后还能做些什么，夜生活还要更丰富，嵩口需要更多的生活体验。

我们和政府一起研发了一个构想，利用田园景观的分界线，提供临时住宿区域及设施构成露营地，给在嵩口过夜提供另外一种选择。我们利用嵩口的乡土元素，做了一个关照这些露营者的厕所。我们一直希望我们的设计可以关照到不同层面的人，关照到不同需求的生活。古镇的改造有很多的方向，哪些要保留，哪些要再设计，

「打开联合」邀请厦门市照明学会秘书长、福州城市照明顾问江海洋为古镇设计了一套夜间照明系统

都需要在未来考虑清楚。在嵩口的第二年，我们就转为顾问的身份，很多时候只能给出建议，需要政府与居民一起来选择适合他们的以及他们想要的未来。

2017年8月，本地不一样

嵩口一直都不是往景区和观光名胜的方向走，这里有着被期待的压力。三年过去，看得出来民众的生活范围正在扩大，有些地方可能以前不会去，现在联系要紧密得多。特别是河岸边，我们把它分成三个阶段：to the river、by the river、under the river。第一个阶段to the river（往水去）让嵩口的河岸可以方便到达；实现了第一阶段后，第二个阶段by the river（在水边）就实现了；第三个阶段under the river（在水中），不管是让人意识到，还是看到，甚至是使用，抑或到对岸去，都是让日常生活与河岸重新发生关系。

防洪堤是我们跟了好久的项目。从一开始我们就认定，对于古镇来说，河岸是连接过去与现在的通路，所以这里的防洪堤当然就要很不一样。这是一个水利工程，对安全性要求很高，但是我们希望它可以兼顾景观与人文，融入本地人的日常。要不一样就会有一些矛盾，有矛盾就需要我们利用设计师的身份去做一些调整，既减轻项目的负担，又能做得更好。在我们的争取下，为让防洪堤进一步融入河岸的生态，在岸边设置了可以乘凉的棚子，用竹排改造出座椅，成本都不高，尽量利用本地材料构建景观。防洪堤的工程还没有完全结束，夏天里就可以看到很多本地人晚饭后沿着河岸散步，这就把大家从中山路引到了水边。

春天的时候，我们花了一个多月的时间，在有近百年历史的基督教青年会旧址，即

2016年，经过第一阶段调整后的古榕广场。如今随着防洪堤的建设，景观有所变化

如今的嵩口社区居委会里，用很少的成本打造出一个特别的空间——嵩口社区公益图书馆。我们用设计师的方式，尽快促成了这件事情。在我们看来，在横街、直街一带商业化比较强的地方，需要出现另一种性质的空间，让嵩口最囊中羞涩、资源不足的人都可以没有障碍地去这里。公益图书馆就成为这样一种存在，开放没多久就成为本地人都会去用的公共福利设施。一开始是本地的小朋友，课余时间特别是周末与假期都会聚拢在这里，家长也会跟着来，随手翻一翻书，很快这里就变成了一个新的社区聚合点。我们用的设计元素，都是他们很熟悉的生活物件，比如由板凳构成的图书陈列系统，看上去既亲切又有趣味。公益图书馆准备了很多本土题

上：改造前，古码头水岸和地标德星楼都被新建的栏杆、建筑遮挡，地面则是水泥路
下：改造后的开放亲水码头步道，以及重见天日的德星楼

2017年，结合防洪堤建设，“打开联合”在河岸边利用竹排元素设计了座椅与顶棚，让民众散步之余，可以坐下歇息、欣赏风景。改造后的嵩口河岸，已成为当地居民每日散步的必去之地

材的书籍，同时得到许多机构的赠书，正变得越来越丰富；陆续也有一些城里的文化人、创意人来这里进行分享。也许以后这里可以变成一扇窗，让本地人看到更大的世界，让城市人在这里发现不一样的嵩口。

面对未来要开通的新高速，从福州到这里的车程即将缩短到一个小时，这意味着嵩口在这之前必须做好准备，迎接更多的可能。我觉得现在嵩口还需跟上的有三件事情：一是把闲置空间整理出来，提供有利于参与的方式，喜迎文青和文士。文青的力量可能相对小，可以做些小一点的尝试；文士则是有志之士，知道如何持续去营运一个空间。嵩口现在还是缺这样的人，不能一味等待外界的主动，政府应该提供一些具体的措施来推动这件事情。但对于镇政府来说，他们本来就有行政任务，所以有时需要上级领导提供资源，在理念上与物资上给予相应的支持。二是历史建筑和遗迹的修复。其中最急迫的是加固与抢救，政府应该扮演什么样的角色，如何去有效地建立机制，如何去引导更多人的参与，这些问题都需要给出答案。三是管控。不是限制建设，而是设定非保护建筑的建筑规则，墙面用什么材质与颜色，建筑样式应该是怎样的……这些都需要政府来进行管理，订好保护条例。有更具体的细节，民众才会更清楚。这些事情贯穿了整个古镇改造的过程，同样也是其他古镇改造的必经之路。大家的答卷可能各不相同，但最重要的都是基于本地人的需求，引导本地人来落地参与，这样才能真正让本地不一样。

（本文文字和图片均选自《嵩口模式》）

合应自然。再造故园

走读吕品晶的乡村重建

宋修见

晨光之中的天坑人家

中国，这个有着悠久历史的农业文明古国，在经过40年改革开放的商品经济大潮之后，已经走在了最接近实现民族伟大复兴的新时代。经历站起来、富起来到强起来的中国人开始认识到，我们不能荒芜了作为农业文明根基、散落在山河大地间的故乡，我们需要能留得住乡愁、安顿下心灵的故园，需要乡村振兴。

而早在10年前，有一位建筑师已经风尘仆仆地走在那些僻远的村寨的土路上了，他就是中央美术学院建筑学院的院长——吕品晶教授，大家都习惯喊他“老吕”。老吕一年到头穿着中式棉布衣服，和他憨厚质朴的模样以及总是若有所思的神情很是搭衬，透出一份沧海桑田、波澜不惊的淡定。这10年来，老吕走过了中国无数个乡村，从最初单体民居艺术化及功能性改造开始，逐步探索出一种独特的中国乡村重建模式，即一方面运用合应自然与人文的传统建筑营造法式来“以旧修旧”，另一方面通过激活非物质文化遗产为乡村振兴注入内驱力。

雨补鲁与板万，是两个深藏在贵州大山里、如桃花源一样的村寨。在这个万物互联的网络时代，桃源并不在世外，村里的孩子也能在液晶屏里认识这个世界，稚嫩的少年离开祖祖辈辈耕种的梯田，带回来钢筋混凝土的气息。老吕从2015年进入这两个村寨，开始对这两个村寨的建筑、礼俗、文化及产业进行深度的研究、发掘与保护，这项工作一直持续至今。

天坑里的乡愁——雨补鲁

雨补鲁位于黔西南马岭河峡谷和清水河景区之间一巨大天坑中。村寨中的石屋、古树、营盘、古井、河道等，动辄就有上百年乃至数百年的历史。环天坑一侧而居的150多户人家，以陈姓为主。相传明代洪武年间农民起义领袖陈友谅在鄱阳湖被朱元璋部队打败后，其后人历经数代奔波，最终到达这片世外桃源繁衍生息下来。数百年的迁徙史，使这里呈现出中原文化与黔西南布依族文化相融合的独特习俗及建筑风貌。老吕来了以后，对村寨中所保留的、源自中原的古幡文化进行挖掘和恢复，如今，每年正月十五，寨子里都要举行“雨补鲁陈氏古幡会”，

复合形式的平改坡（多层）
供图：中央美术学院建筑学院第四工作室

走幡祭祀，跳佾舞，热闹非凡。

村落不断生长，在历史中呈现出不同的面貌。随着城镇一体化进程的加快，雨补鲁近几十年的变化尤为迅速与明显。市场经济改变了村寨自给自足的农耕经济，把村寨与城市之间的差距迅速拉近。外出务工的年轻人带回来新的审美意趣，用水泥与瓷砖堆砌出新的建筑；现代行政管理模式改变了村寨传统的宗族自治系统，习俗与乡规民约逐渐弱化，祠堂、庙宇等公共性空间及建筑逐渐被废弃。这一系列变化使村寨失去了活力。从更深层次上看，雨补鲁面临的，是需要调和村落传统内生秩序与现代外部秩序，从而重建现代社会中的乡村秩序。

老吕对雨补鲁乡村秩序的重建从田间地头开始，从一家一户开始。2015年夏天，老吕受邀担任雨补鲁“美丽乡村”建设总设计师，从考察、调研、勘测到施工完成，前后花费近一年时间。他带着美院学生勘察天坑内外的峰谷、河道、田野、街坊等自然地貌和建筑遗存，逐一走访了村寨中150多户人家，并且不止一次两次，有时多达十次八次。他与村民们聊

左：
吕品晶在雨补鲁村建设现场向施工队伍介绍改造的相关技术措施

右：
雨补鲁村晚上的村民动员大会

过去的日子和现在的生活，聊山外的世界和未来的愿景。这项工作的意义不仅仅是使建筑师得以深入了解村寨的历史、风俗和村民的心态与生活状态，更重要的是，通过深入每一户村民家中，与他们建立深度的联系，实现建筑师从“外来者”向“熟人”的转化。这种关系的建立在传统村落社会中尤其重要，只有在这个基础上，建立和谐的协商机制才成为可能。

对建筑师而言，作为“他者”进入村落传统建筑本体场域是第一道功课，这其中需要把握的，不仅仅是建筑与天地之间的“风水”关系，还有建筑与历史之间的文化关系，建筑与人之间的生活关系。其中最难把握的是后者，因为人的观念会随着社会发展而变化。老吕和他的学生们通过对村落的深度田野考察，成功地把握了这一点。他以诚恳和惯有的朴素的唠家常方式，在炕头，在田间，在街头巷尾，一点点唤起人们对古老文明的传承意愿和对未来生活的长远考量，进而唤醒村民们本已淡漠的乡村传统伦理观。这部分工作在之后的重建中，有效地转化为对现代公共生活秩序的构建。

老吕对雨补鲁村落空间秩序的重构始于对寨门的重建。雨补鲁是天坑里的村寨，进村的山路原本曲折险峻，新的乡村公路使交通变得通畅，但是高高的路基直入村寨，破坏了原生的空间秩序，使村寨失去了原本的神秘感。老吕通过营造大地景观的方式，在村口用修路废弃的石头垒砌了体量

复合形式的平改坡（一层）
供图：中央美术学院建筑学院第四工作室

垭口大寨门设计草图
图片提供：中央美术学院建筑学院第四工作室

宏大、雄浑厚重的寨门，一块块粗犷的原石，透着岁月的沧桑，村寨入口的空间秩序得以恢复。

在村寨整体空间的重构中，最为核心的是对公共性建筑的恢复。陈氏家族在雨补鲁村占总人口数的八成以上，陈氏宗族祠堂曾经是村中重要的建

雨补鲁村寨门
摄影：刘婷婷

古树广场的适度拓宽，与宗祠前阶梯空间形成自然的室外剧场空间，为恢复的民俗活动——走幡提供了充分的施展空间

筑，现在已经废弃了。老吕利用村中闲置的老房子改造重建了陈氏宗祠，并以其为核心建设了广场，营造了村寨公共性文化空间。但需要明确的是，对公共空间的修复并非仅仅停留在建筑改造这一层面，重建公共空间的目的，在于恢复村落传统文化，在雨补鲁，就具体体现为为三月三、走幡和祭祀等传统习俗提供相应的场地与空间。习俗与建筑原本就是共生统一的，走幡活动的恢复又促进了走幡路线沿线村落的传统建筑的修复与景观改造。

老吕对雨补鲁的整体修缮改造，是在一种动员与协商的机制下形成的乡村共同体的意愿。这种意愿不仅体现在建筑外观的历史还原上，也表现在村寨生产方式和生活状态的现代转型上，最终，再造后的雨补鲁将成为村民安身立命的家园和游子眷归的故园。一位来自新疆的驴友感慨道，来到雨

雨补鲁村陈氏宗祠与文化广场
摄影：宋修见

贯穿古村的水系经过整治疏通，古树广场的微景观设计不仅满足村民洗菜浣衣的功能需求，同时形成良好的自然景观

摄影：宋修见

补鲁，他仿佛穿越到了300年前，感受到了从未有过的安宁祥和，就像寻找到了梦里的故乡。更重要的是，村民们可以守着天坑中的良田与老宅，在游人们的羡慕与称赞中，过上有尊严的、自得自乐的日子，而这或许才是今天中国乡村重建的根本目的与意义之所在。

老吕在雨补鲁的改造工作得到了村民的极大认可，他们自发地在寨门外的公路边制作了一组“装置艺术”。这是三组大石头，中间一块醒目地写着“天坑里的乡愁 雨补鲁”几个大字。仔细看，三组大石头分别由两块、三块和六块叠在一起，村民们会告诉你，这代表了“吕品晶”三个字。朴实的当地人用这样的方式纪念老吕整体改造修建雨补鲁的事迹，表达他们的感激之情。

深山里的梦想——板万

大山深处的板万村，又名“卜湾”，始建于明代，依山傍水，风景秀丽。从兴义到板万100多千米的蜿蜒山路上，老吕的车开得畅然欢脱，仿佛久违板万故乡的游子驾车回家。从2016年板万村启动改造项目后，老吕自己都不记得这百十千米的山路他究竟跑了多少趟了。

和在雨补鲁一样，老吕带着学生们在板万先做了大量的实地考察、家庭走访、史料研究和现场勘测等工作。这个坐落于半山腰上的布依古寨，交通不便，经济滞后，绝大部分青壮年都在外地打工，稍有积蓄便回来翻新和新建房子，但这些数量多达1/3的新房子普遍缺乏规划，质量粗糙，样式生硬，与当地的青山绿水和传统木构吊脚楼很不协调。村寨中也缺乏公共活动场所，虽然上年纪的人还懂得织布、刺绣、酿酒、布依戏、八音坐唱、哑面戏和传抄布依摩经等布依族传统文化和技艺，但年青一代对此已毫无兴趣。

老吕的改造规划重点，在于激活这座古老村寨的传统文化，激发其内生活力，促使传统生产生活方式得以传承与转型。所以，他为板万做了整体规划设计，对翻新和新建的水泥建筑进行外立面改造，使之与传统木构吊脚楼在建筑风格上实现统一。工作重点是对村寨的公共空间进行修整，保留了山神庙等传统祭祀空间，新建与改造了风雨桥、非遗传习所、土窑人家、村委会、大食堂、大戏台等文化空间。最值得称道的是，老吕通过各种渠道筹措资金资源，翻新建起一座“板万梦想家小学”。

梦想家小学旁边是非遗传习所、村委会、大戏台，后面是风雨桥，这一区域后来成为板万村的公共活动空间。我随老吕抵达那里的时候，正赶上孩子们中午放学时间。4月底的黔西南大山仍春寒料峭，孩子们大多穿着棉袄，见到我们，一张张

板万村 摄影：宋修见

板万梦想家小学与孩子们
摄影：宋修见

不是很干净的小脸上充满好奇而拘谨的表情，看得出来到这里的外人不是很多。他们有的在楼外玩耍，有的在楼内的阅览室看书，有的在教室嬉闹，有一位大眼睛的小女孩安静地画着一朵美丽的花朵。让我印象极为深刻的是，老吕在这栋小楼里设计了两个功能很特别的房间，一间“乡土教室”，展陈的是从村庄搜集来的布依族生产工具、生活器具、传统礼仪习俗用品等。这个布依族传统生产生活的微型博物馆让孩子们和所有来到这里的人看到了过去的岁月，看到了大山里的人们曾经的生产生活。还有一间文化活动室，里面是五台装有摄像头的电脑，孩子们可以在这里与远在他乡打工的父母视频聊天，这间看似清冷的小屋竟连接着天南地北的父母心。学校的阅览室、乡土教室和文化活动室在放学后都对村民开放，这所“梦想家小学”承载着乡村教育、文明传承和精神家园守望的梦想。

仅对建筑形态进行修整还不够，老吕还积极推动当地非物质文化遗产的保护传承。2017年11月，他联系促成板万村10位绣娘赴苏州工艺美术职业技术学院参加为期一个月的培训学习，为板万古寨的文化复兴和经济发展带来生机。最值得称道的是，老吕热心扶持了一位板万村回乡大学生何标，鼓励他掌握家传的酿酒技艺，经过12道工序酿成“小布依·biangdang酒”，然后通过网络把这种传统布依米酒和母亲手织的布依土布等销往山外。

文化活动室
摄影：宋修见

乡土教室
摄影：宋修见

老吕的微信中是这样推介何标的："他能放羊，会养猪，能酿酒，会织布，能种地，会木工，从小长在山村，村民能干的，他几乎都能干！几十年来，村里出过十几位大学生，他是唯一回去的，即使老实巴交的父母从来没有离开过大山，不能为他铺就锦绣前程，凭他的能力，也应该能在城市谋得一份工作，但我更愿意相信他回到山村，是追求更有尊严的生活。"

相信何标定会不负老吕所望，不仅以其聪明才智掌握面临失传的布依手艺，也能够以坚韧拼搏的青春汗水为从小生活的村寨注入活力，成为古老家园的新时代建设者和守望者，成为老吕复兴乡村再造故园的梦想的实现者。

千百年来，中国传统知识分子在“江湖之远”和“庙堂之高”间织就了一条顽韧纽带，那就是对民生疾苦的人文关怀、对民族历史的温情敬意和对家国天下的道义担当。今天，中国优秀知识分子也大多承续着这一使命，并且因为这份承续而成为各自专业领域中的翘楚。吕品晶，这位中国最高美术学府建筑专业的掌门人，在很多设计师忙于各种标新立异的强植性建筑设计而博人眼球的时候，潜心西南少数民族地区，坚持“以人为本”“以人民为中心”的价值导向，以一种固本开源的方式，投身到中国大地的最偏远之处，去探寻、续接与重构最古老的乡村文化命脉，续写着优秀知识分子对乡土中国的情怀。这样一种价值导向对中央美院建筑学院的青年学子的引领作用更是意义深远。

吕品晶的探寻、续接与重构，不是一种作为他者对原乡的浪漫想象的简单还原和生硬构造，而是在与当地居民的协商讨论中，把“此地之所以成为此地”的一种贯穿于日常生活但又隐于生活表象的传统文化特质呈现于当代生活，借由人的现实生产生活方式的转型实现乡村传统生活与现代文明的续接，实现传统文化的现代活化，实现山河故园的再造。在古今中外文化激荡的新时代，唯有这样一砖一瓦的营造，才能真正筑起我们这个历尽劫难而不断涅槃的古老民族安身立命的精神大厦。

（本文图片由作者提供）

一次以评论为名，对建筑实践案例的展示

谢英俊及其团队实践1999-2013评论展

宋轶

序言

任何社会实践都涉及展示。

来自台湾的建筑师谢英俊及其团队，历经多年的社会实践，创建了就地取材、低造价、适用技术以及开放式的构造体系，不仅力图对现有的社会生产条件进行纵向整合，更是对都市状况中的技术观念提出了挑战。

谢英俊及其团队实践在1999—2013年期间引发的各种反响，在不同的语境中遭遇的赞许、怀疑、揣测、质疑，构成他们在将要到来的现实中的切入点。正是由这些切入点形成的脉络，成为此次“以评论为名，对建筑实践案例的展示”的前提。来自不同学科和实践领域的评论人将在与谢英俊及其团队实践的关联中，重新激发并再度表述自身的工作。

评论展展出现场

供图：重庆LP艺术空间

以下文字整理自2015年一场名为“评论展”的对谢英俊及其团队实践进行多学科对话的活动现场。

开物成务、执斧涖治：现代社会中共同体的营造与建筑师的志业

发言人：张原，西南民族大学民族研究院副教授

为什么要谈共同体的问题，因为共同体能让我们“安身立命”。

英国学者齐格蒙特·鲍尔说：“共同体不是一个已然获得或正在享有的世界，而是人们热切希望栖居的、希望去重新获得的世界。这是一个失去了的天堂，或者说，这是人们还希望能找到的天堂。”这实际上就是告诉我们，不管你在什么样的状态下，你总是想找到组织、找到理想，你总是对共同体有一种追求。而所谓的追求共同体，就是对生活本身的一种人性的确认，所以我们会说一个有人性的、不是反人性的建筑过程，其实是植根于共同体的营造。

我们今天是处在一个共同体已经消失的社会去重新发现和发明，或者说是重新营建共同体的过程。

共同体中的建筑形态是什么？“身土不二”。“身”就是意义、精神和功能有机结合的生命体。在共同体社会里面，建筑不是一个物，也不是一个纯精神的东西，而是灵肉合在一起的。“土”事实上说的是共同体的建筑不仅是一个生命体，而且是基于那一方水土生发演化和吸纳更新的，强调在地性。你的技术以及使用的这些材料最好能和地方契合，甚至是从地方生发出来。建筑是一个生命体，有生长的过程，会生老病死。这就是我们在乡村看到的，一座房子已经太老了，另一座房子在它旁边与它生活在一起，像一个大家庭一样。

整个共同体的建筑事实上是一个仪式，一部社会戏剧，它可以把所有的社会关系集中在里面进行一场戏剧性的展演。这个仪式是有规矩的，这个规矩就是一种价值范例，它可以将人们生活中所有的愿望（就是你想做的）和社会的规范（就是应做的），以及这个世界的意义秩序（就是我们的宇宙观、天地大道）统一在一起，所以你们会发现，乡村的所谓的工程是一个仪式，极其没有“效率”，比如说上梁仪式，很疯狂，好像极不安全、极其混乱，但在这部社会戏剧里，所有的社会关系被汇集在一起，充满了一种灵力——虽然很混乱，但其实表现出一种社

会的秩序。

我们修的是一个物质性的房子吗？不是。我们在这个过程里生成的就是整个宇宙以及你的愿望，这些都是关于愿望的表达。在共同体的建筑里，所谓的职业建筑师要干吗？“执于斧而利于治”，就是说不要包打天下，建筑师是制范的，是定规则的，站在旁边去指导大家，像个导演一样，是那部社会戏剧的导演。

不管是新农村建设还是灾后重建，以及各种各样的运动，包括有些NGO（非政府组织），都是项目化和工程化地在做一些事情，就是围绕完成的一些指标，做着不切实际的事情，追求短期和快速效应，要让领导人、资助方看到成效——这就异化了。

社区重建的基本诉求不是恢复原有的形态，而是要重建社会的纽带，并且凸显它的意义，让社会的纽带有一种真正的家园感。

乡土社会的瓦解是20世纪以来中国社会最突出的变迁表现，共同体的缺失和结合体的泛滥构成了中国社会的总体性问题——各行各业的人，不管是搞艺术的、搞学术的，还是搞建筑的，你要真正去解决社会的问题，就要把握住社会的总体性问题，从总体性问题里衍生出次级的问题。如果你对社会没有一种总体性的判断，你做的一切都是一种小器之作。

在地的建筑营造实践就是这一反思建设的最为重要的一环。

在当代条件下，建筑师要转向地方必然有一个过程，他一方面要成为一个空间的生产者，另一方面要真正地成为一个地方的营造者。泰勒在1999年的时候强调，我们当然要强调空间，但是地方也很重要。空间是抽象化的，地方其实是具体的，二者是相互定义和相互转换的关系。[1]然而在现代社会中，虽然特定区域潜藏着既是地方也可以是空间的可能，但是我们会发现，空间生产和地方创造是有矛盾的。今天我们买的房子是一个空间，它是我的家园、我的地方了，但是整个房子的结构是房地产商和建筑师早就规定好了的，我想把它变成我的地方——中国

1 Peter J. Taylor：Places, Spaces and Macy's: Place-Space Tensions in the Political Geography of Modernity (1999). Progress in *Human Georaphy* 23：7~26.

谢英俊基于轻钢住宅开辟的『开放体系』
供图：谢英俊工作室

人最喜欢做的事情就是敲敲打打，这里面就会产生一种空间和地方的紧张性，所谓的空间生产者和地方创造者的紧张性。

地方感指的就是特定社会时空组织形态及其承载的情感、意识、体验与感知。我们强调的是体验与感知，它是一个认同机制的重要部分。地方感依托于特定的社会关系和实践领域而形成，它能将人在反向运动中获得的那种身份归属意识、社会集体记忆、道德精神价值都重新投射和再现于特定的空间和时间中，所以我们会强调，谢老师的很多工作其实是一个重建地方感的工作，而且这个地方感建立的不仅仅是关于local（当地）的问题，还有关于在这个场所里我们怎么生发出这些东西的问题。今天，我们每个人都可以失去自己的乡土，但是我们每个人都应该有自己的地方。

现场营造就是在地方还原他们如何生成生活的世界。谢老师在这里面建立了一个生产网络，并不是现代性的这种工业化生产、数字化的社会过程，而是为当代社会重新开拓了一个开放性的营造领域。关于这个“开放性”，我要强调的是两种“开放”：第一，它对乡土、对村民是开放的；第二，它对这个市场、对社会、对现代体系也是开放的。这两种“开放”使得基层社会有了一种嵌入性。这个“嵌入”也是两种：第一，建筑师、现代体系能够嵌入地方；第二，乡土性的东西也能够重新嵌入这套机制里。这是一个互嵌的，或者说是交互主体的过程。

在地建筑师的职业追求，就是要帮助那些经历着社会剧烈转型和文化变迁的人们，在他们的生活领域构筑一个既有解域开放性又有嵌入在地性的时空框架。

最后，我也要说一点批评性的东西。建房的整个仪式、赋灵加持的过程，谢老师考虑的其实太少。这样做的话，在地的嵌入性依然很弱，完全不能使他成为一个被地方真正认可的匠师，可能只是充当一个专业指导的人。如何在修房子的过程中重新培养一种地方的自组织机制，这件事他可能觉得与他无关，可以交给NGO、做社会工作的人去做，但我觉得，建筑师要参与其中，并在这个过程中培养自己的团队。这个团队不是一个修房子的团队，而是一个修复家园、营造地方的团队。

新工人群体的团结经济——北京工友之家的工人合作建房实践

发言人：王德志，北京工友之家社会企业负责人

新工人。三亿人从农村到城市，但城市选择性地接纳我们。在这个阶段我们能干什么？不敢说我们可以跨越时代，做50年以后的事。现在的工人个体特别分散，要结合实际情况，想办法走自己的路、走合作的路。

这条路就是通过自我造血来完成自我运转。搭建这么一个平台，通过社区的义卖活动，解决城市里闲置物品的处理问题，还能降低大家的消费——从2006年到现在，这件事已经运作将近10年了。我们在平谷区还做了一个有机农园。在农园里，也做大地民谣。这个大地民谣其实是衍生出来的，因为我们认为工人的问题光靠自身解决还是有很多困难，所以我们希望吸引更多的学生、知识分子，包括中产阶层一起来关注。

今年（2015）我们成立了工人合作社。这个公社借鉴了国际《合作社法》，以及20世纪50年代到70年代中国公社的一些情况，制定了章程。章程规定，最高工资不能超过最低工资的4倍，占的股份也不能超过一定的比例——这是很科学民主的管理方法。

公社也有一个合作建房的部分。在平谷区，离农园有七八分钟路程的村子里，我们

供图：谢英俊工作室
右：草土编竹墙体
左：钢网墙体+草土

租了张辛庄村的小学，租期40年，占地15亩。我们在这搞自己的房是有可能的。那个时候，我们也找了谢英俊老师的团队，他们当时正好在附近建办公室。但最后我们放弃了谢英俊老师的方案，因为有点贵，一平方米要比我们的预算贵几百块钱，第一期房建造下来，差价可能是几十万块，而且当时的材料好像是要从成都的工厂运到北京，成本也比较高。我们自己建的话，当时的造价是一平方米七八百块钱。在北京买不起房，我们就用这种方式自己建房，建几千平方米，再分给我们的工作人员去住，这是不难实现的——当然，在北京这种比较特殊的地方会有一些问题，比如房子在规划局审批通过了，但发改委又不给立项，原因是现在北京的政策是要控制人口，这当中就有矛盾存在。但因为我们是在村里面，我们就改变策略，只搭主体，而门面这一块的建房就跟村里面合建，用集装箱盖房（属于临时性的建筑）。

移植与演化：现代建筑体系中的“让大妈去做”

发言人：杨宇振，重庆大学建筑城规学院教授

20世纪纪初，周作人曾经从日本引入“新村”的概念。他讲道，要在一个空间里有基本的生产、生活，能够自给自足。但是这个“新村”的概念也受到另外一些人的批评，其中以胡适为代表，他认为这种模式事实上是非常低效的，没有利用社会分工，它要获取某一样东西必须在自己的空间内花很多的时间来完成。胡适认为，这是一种逃避社会责任的方式，应该去改变的不是我们自己的生活方式，而是聚起这个生活方式背后的一些力量。这在当时引起了非常激烈的讨论。

提供公共服务比提供住宅或许更加有效，而住宅这部分，要丢到社会的领域里来探讨。

为什么直接把钱、把公共财政投到农村的住宅建设是一个错误决定？因为它基本是一个无效投资。在新型城镇化过程中，有效的投资不会是在远郊农村（现在大量的钱实际上是投到了远郊农村），农村的死亡是必然的事情，而县、镇、乡才是需要我们大力去做的，它是减少交易成本、促进现代化最重要的空间载体——这是我的一个基本观点。

大概从2008年、2009年开始，新农村建设就在全国猛烈地开展起来。当下中国农村空间生产最典型的一个基本模式是，由地方政府出财政来投资，很多部门都可以从上一级的部门拿到相关的投资，最后集中到县财政手里，再由县财政来定点打造若干个居民点。新农村居民点的建设往往是为获得建设成绩，进而拿到某种回报，包括经济上的回报，也会有政治上的回报。这是今天新农村建设中最主要的、最主流的一个力量。作为建筑师，处在跟政府之间的关系中，形象仍然是最重要的考量标准——但又不完全是形象，必须一方面满足政府需求，同时还要听取当地村民的一些意见。对我来说，首先想要做的是理解农村的结构，而不是农村房屋的形式。

在东村的案例里，三合院的坝子事实上是他们日常生活的重要空间。除了村子原有的空间结构，还有一个很重要的公共空间，就是村委会跟相关的公共服务设施。我们在前面做了一个广场和一个小舞台。当时这样做的考虑是想在传统的祠堂里做一个现代的转换——目前看来也是可以的——但更重要的是，这个蛮不起眼的小舞台，加上前面的这个广场，可以成为周围一些村，包括城里举办活动的地方。然而这个建筑在实际的使用上出现了一些问题，等会儿再说这个存在的问题。

第二个案例是陈村。2011年，坝河遭遇百年不遇的洪水，整个坝河边上有很多村庄被淹没。我和规划管理部门一起跑了很多个场地。在很多个村的规划中，我只负责陈村。这里当时大概有两三户的房子——目前这两三户也还在这个地方，但是按规划这个村有一百多户。这个地方的营造方式、组织方式跟前面的东村完全不同。东村基本由政府投入，而坝河现在有这么多农村同时受灾，政府没有那么多的钱，所以陈村的农宅建设有很大一部分资金是由居民、农民出钱。这就涉及自组织——上一个案例里的施工队是由政府指定的，这个案例则是由农民、村支书、村主任以及镇里面的领导一起讨论，再决定相关的费用。所以这个村发育出了一个非常不同的状态。

这个村离城里至少两个小时车程，要坐车、坐船，交通非常不方便。但距离使得这个村能够根据各家自己的需求来调整生活的空间，受到的行政干预少。在规划方面，我也尽可能地保留现有的大树，包括坟墓等一些地方我都尽可能地把它们保留下来。现在可以看到村子里有很多的加建，这一点正是我希望出现的。

去年（2014）春节前我去做了一个回访。我惊奇地发现这个村里面的人出乎意料地多，公共广场上有很多村民在活动，打乒乓球、打牌。村子的公共卫生就由我入住的那家人负责，这笔钱来自每个村都有的基本维护费，是由上级部门拨下来的。村里面还有卫生所，周围村的人也来这个卫生所看病。那天晚上下着雨，我走在一条很长的路上，那是村里面第一天亮起路灯。这个路灯别小看它，它可是一个公共产品，是由大家共同完成的一个事情。我想说的是，这个村，由于距离城里，包括镇上非常远，所以他们的公共产品要由他们自己来完成。这虽是被迫的，但也因此使这个村体现出了一个比较好的状态。村里的农民基本上不种地，很多柑子树因为没有分产到户，没有人去管理，成了无主之树。这里的农民基本上是靠外面打工寄回来的钱生活。

在陈村做了一些访谈，后来就转到东村。在路上我想，过了几年陈村发展得这么

居民参与 供图：谢英俊工作室

好，那东村应该也不错。可是出乎我的意料，到了东村，几乎没有看到什么人。村里的居委会、社区活动中心成为了一个典型的展示空间。医务所的设置是完备的，是按照标准配置的，可是只是为了向上级部门申请相关的经费。令人难过的是，东村作为当地一个“新农村建设”的样板，我甚至找不到地方住。村支书带我到他们家中，家里很多灰尘，因为没有人住在那里。知道为什么吗？因为这个村跟镇之间的距离不过是5分钟车程，所有的公共服务不需要在这个村里面完成，包括住宅，这个村的房子相当于村民们的第二套房、第三套房。而且村里也没有路灯，没有村民组织起来的自觉意识。

这是从设计上涉及的一个社会性问题。在做这两个村的规划和建设过程中，我们还做了一些社会调查和传统建筑的研究，这使我意识到农村的问题远远不在农村自身，今天解决农村问题的方式恐怕有很大的问题。下一个阶段，我想可能有希望的是资本下乡的工作，是“农村现代化”的工作，而不是无谓的公共财政的投入，所以我尝试性地接了一个资本下乡的项目。

随着新型城镇化特别是城乡关系的调整，资本对农村土地的需求是一种普遍的现象。我觉得要把农民变成纯粹的产业工人才是希望。还是回到我刚刚的那个观点，只有农业现代化才是希望，通过城镇化来改变农村；把钱投到农村做住房建设，其实是非常大的错误——但我并不反对远郊农村的公共服务投入，这是必要的投入。

同济大学的赵民教授不久前发给我一篇文章《精明收缩》。这是一篇很好的文章。它不是讲“精明增长”，而是“精明收缩”，谈到在全国层面上的农村调查，发现农村普遍都在萎缩。我们今天讲的新农村建设要重新思考什么是农村。我在《双村记》的最后也讨论到，必须重新认识农村的概念和定义——现在城市之外的地方都叫农村。我们新农村建设到底是要建设什么地方？是远郊农村还是近郊农村？是已经产业化的农村还是以小农生产为主的农村？必须把农村的问题放到城乡的关系、经济和产业的关系里面来考虑。

新农村建设的重心要转移。我认为应大力推进中心镇、乡的建设。中心镇在交易成本方面远比其他农村要低，扩大中心镇、吸纳农村的劳动力恐怕才是解决现在农村（问题）的一个方向。

乡土建筑是乡土社会的一个结果。可是今天因为传统乡村社会的关联已经没有了，农业的生产不见了，今天的这个土地只不过是产出口粮的工具。这个系统都没有了，这个果子怎么可能还有？谢英俊先生的这个做法，从某种程度上来说，其实是对于传统营造体系的一种现代知识和技术的供给——当然，它在一定程度上重新扭结了当地民众的社会关系，本身有重要的价值，但从我的角度来说，从总体的层面上看，这是一个无望的做法。

社会性建筑

发言人：黄孙权，高雄师大跨艺所专任助理教授，前《破报》总编辑

我今天可能先讲一下2011年的文章《三种脉络，三个方法》里的看法，然后讲一下2013年带中国美院的学生到四川雅安拜访的三个村落：一个是正在盖的样板房，一个是盖好了而且变成成功范本的羌族山寨，另外一个则正在规划。

2011年我写《三种脉络，三个方法》，关心的重点是谢英俊的工作模式为什么可以产生作用。谢英俊的工作模式不管是其结构还是操作方式，从某种意义上来说只是重复某种历史的模型，为什么会成功？我认为其中有一些既定的脉络。

2013年，我们回访谢英俊参与工作的三个村落，其中的碧峰峡正好在盖样板房。政府补助每一户10万块作为使用谢英俊钢架的费用，房子盖好以后，这10万块才给到你。在营建的过程中，搭钢架需要很多人一起工作，亲朋好友多的人会先把房子盖好，而村里有孤寡老人，他一个人没有办法盖房子，并不是每个人人际关系都很好，所以即便有钢架给他，他也盖不起来。另外，我甚至听说有个老人家不敢贷款，因为他知道自己没有钱还。

第二个是羌族山寨，是非常成功的案例。他们原本在山上的山寨在地震中全部被毁，政府就给他们一大块地，不只有居住地，还有池塘和农田。因为这里要规划成观光开发区，这里的人就特别热情。作为一个观光重点发展区，每家每户几乎都分配到了一模一样好的房子。

然而，宝兴县就是一个大灾难。宝兴有两个村，其中，烟溪村的房子没有全垮，前村因为毁坏得比较严重，基本全拆了，后村没有什么毁坏。烟溪村原有的建筑斗拱非常漂亮，可是政府把这里规划成两个风景区，前村叫作“小桥流水”，全部采用轻钢房，后村做成“田园风情”，全部改成木造屋，村民原本的房子全部被拆掉。

砌体与轻钢结合
供图：谢英俊工作室

建筑这个事情其实有非常多的在地状况，只讨论结构、形式，意义不大，这个房子到底可不可以盖得成，很多时候跟建筑师无关。重要的不是建筑形式，而是它是否会改变人的社会关系。

这里涉及两个概念。一个是财产权，就是belongings（所属）。假设在这个土地上没有任何一块地属于你，你还会爱这个地方吗？国家认同、地缘认同、社区认同是不是因为你先有财产才有认同？如果我们所有的认同和情感都来自财产权观念，那有什么好骄傲的？现在所有资产阶级社会的法律基本上都是由财产权来决定的，用财产权来决定你在公民社会里的位置。

另一个概念是civil public（市民的或者公共的）。我特别不喜欢public这个词。“公共”这个概念一直都是政体掌握私人财产界限的方式，是政体在治理国家时，如何确定管理私人财产的界限，以及允许你支配这些财产的界限的程度。所以“公共”这个概念，从来都不属于人民，跟人民一点关系也没有。我通常会换另外一个词，叫common，应该翻译成“共享”——这个东西不是我的，但我可以用。这是一片草原，我有权利带我的羊去吃草，我有使用权，我在使用过程中会非常小心谨慎，不要让下一个牧人的羊没有草吃。“共享”不会自动形成。“共享”是一个行动概念。当我们这群人目的不一样，出身阶级也不一样，但又都愿意去做一件事的时候，可能就叫“共享”，因为这件事和我的财产没关系，我可以为一个没有亲朋好友的地方奉献很大的爱。

整个巴塞罗那地区有非常多的人在做谢英俊做的工作，全部是合作社化的。建筑师跟对象不是业主关系，而是一个合作社组织，一起来造房子。这完全打破了建筑界惯常的概念。我觉得，谢英俊的下一步工作如果能有有益的推进，是把它推进到合作社的阶段，而不是在问一个非常古老的问题：谢英俊这个钢结构可不可以搬到城市去？这种结构的生产系统可不可以变成一个合作社，让你跟你的业主处于同一个领域？它是一个使用权和交换的关系，而不是一个买卖和服务、契约的关系。没有改变生产关系的话，所有的事情都只能是照旧。

发言人：谢英俊

其实谈现代主义，我常用的是“非现代”这个词。现代主义有相当的局限性，时代的局限跟空间的局限，它主要还是在欧洲、在特殊时代的一个文明现象。当然它的力量很大，渗透到我们现在的方方面面，但现代性强调的理性、工业化、单向、专业取向，这些概念在农村是行不通的。农村的大妈是不会跟你谈这些事情的。

包豪斯当初的思考还是在现代主义的架构之下来解决传统工艺跟工业生产之间的问题，我们讲的这个课题是要完全跳出来——互为主体是哈贝马斯对现代主义的一种修补，甚至是一个批判，它是没有办法在根本上解决矛盾的。所以，我的观点是“非现代”。这个领域，现代主义做不到。

我说的是“非现代”，不是“反现代”。它不是万能的，我们还要加很多其他的配方才能解决现在的问题。我们也讲工业化，也用现代化的软件，但它还是有局限性。所以要在这些作为上有所节制，要开放给其他领域，比如开放给传统的工艺，甚至于它的风俗习惯、传统美学，要涵盖很多东西。

一般的轻钢体系都是板材系统，我们是圆柱系统。为什么在杨柳村，村民一看这个就会做？因为它的构法、做法——除了材料是钢构的，现在把打榫铆改成了拧螺丝——和传统的构法、起架方式都是一样的。跟传统文化的结合不是只在图像上。

所以这不是对抗性的。包括资本下乡或者全球化，我并不反对，只是用比较理性的观点去看，强调它的局限性，我们还有另外的解药、很多的解药来面对和解决这些问题。专业者的作为必须是最有限的，甚至是最节制的，并开放给其他人。但事实上，许多专业者通常会用自己所受的教育、训练，甚至价值体系、美学体系，把自己兜在所谓现代主义的框框里。

非现代，是完全新的一个时代，各个领域都要面对，虽然我们现在做的事情只是稍微挑战到一点点的它，只是掀开了一个小小的角落。

那为什么说我们这套做法可以跟合作社挂上？因为我们强调工法的简化、参与度的增加，合作社的模式具有很大优势。

但中国大陆现在不推动了，虽然农村专业合作社法案2010年正式出台，但搞合作社还是有很多限制，还不能实现医保、金融服务。合作社最重要的任务是服务社员，你要盖房子，你加入合作社，参与劳动，人家帮你盖房，你也可以帮别人盖房。它的市场操作跟现在所谓的市场观念不太一样，当然，合作社也可以进入一般正常的市场。合作社在传统的人类文明里始终是最主流的，在现代文明之前，农村基本上也是这样，盖房子要帮忙是很正常的，合作是长久以来建房的传统。

现在的资本下乡、公私合营，我觉得是阶段性的，小区域的合作社是未来的趋势——当然短时间还做不到，所以谈这件事情要放在比较客观的、未来发展的时间轴线上来谈。

发言人：潘毅，香港理工大学教授

我理解的谢英俊的工作是要打破资本对农村的垄断，恢复老百姓之间的互助、公共参与的传统。但是，如果解决不了今天的农民、村民为什么没有办法走在一起合作盖房子，引进一个更便宜、更简化的东西，仍然解决不了问题。我从社会学跟人类学的角度来看，要处理的是老百姓能共同拥有空间、共同拥有住房的权利。

我认为合作社不是一个新的概念，也肯定不是一个去地域化的概念，它有一定的社会关系，一定的实践，一定是在地的。合作社可以跨地域交往。但对这些问题的思考，是用一种前卫的语言？以为一种新的东西就能处理当下问题？有时候不是新旧的问题，而是问题的本质是什么，以及我们到底有没有可能去碰它。在社会主义建设过程中，我们早就比合作社更往前走了一步。我们已经有的东西其实比谢英俊讲的合作社更进步，更有参考的价值。

谢英俊老师的一些理念，在今天中国留存下来的集体所有制村庄里，反而能做到。这些集体所有制村庄恰恰没有国家机器的干预，运作方式与改革开放理念是相悖的——每家每户集体劳动，集体分房子。

今天我们面对的就是在资本主导、国家机器为其服务的情况下，谁为我们的空间做事，不存在新和旧的问题。如果今天的生产关系跟社会关系没有留下空间让我们来搞合作社的实践，如果我们没有办法厘清前30年社会主义理念的历史，我们在中国重新寻找合作社的可能性，还是会回到旧的问题，而不是新的理念本身。

今天在国内，集体所有制村庄的历史、社会主义好的实践历史遭到抹黑。这种抹黑使得我们一开始很难有反思的空间。我承认我们在社会主义实践历史中，有很多东西做得不好，可是这个历史好短，还有很多空间让我们在社会主义的实践当中总结出一个经验。如果这些问题都不能思考的话，如何面对当下的社会问题呢？如果每次都只是在讲创新，这个断裂的论述本身，就会跟历史断裂，就会让人无法学习经验，无法总结问题。

发言人：赵文，哲学家

我觉得谢英俊老师的实践恰恰让我看到“反现代”，他是在现代性的框架的缝隙中进行了一种非现代的实践，或者说这个“非现代性”针对的是社群或者社会。这里有必要先谈谈“现代性”的一个重要的实践形式，那就是“权力”——福柯意义上的权力的“国家化”。这个进程实际上从古代晚期的“正义国家”到“行政国家”的过渡就已经开始，直到19至20世纪，“国家”作为权力的实践主体得以完全确立。在其完全确立之后，一切社会实践的组织者、治理者实际上只能是国家主体。艺术实践（包括建筑）也是服从于这一话语的。无论是功能意义上还是形式意义上，建筑的现代性都体现了这一话语，这一点已经在东西方20世纪建筑史上有着再明确不过的表现，而这种表现或者说实践也有着其内在的“问题”或者说“危机”。其中较为根本的一个危机是，当建筑实践在组织和功能上表现国家权力、国家权力在运作上统摄建筑实践的时候，建筑所涉及的对象也会被“辖域化”。明确地讲，就是社会的某些细部会被排除在这种实践之外，比如国家规划之外的地方、未被资本化的区域等等。这种“问题”为建筑—艺术和艺术—建筑植入了它们自身的“危机”——是在这种单一主体化的权力内部运作，还是彻底自我封闭？这两个选择似乎都不合适，无益于建筑实践自身的发展，正如哈贝马斯曾强调的那样，艺术在这种现代性中的实践，在文化传统与象征范畴方面操纵的余地是非常小的。

从这个意义上来看谢英俊的实践，我们会发现：他抓住了“现代性”所排除的，或总是在其“辖域”之外的社群和社会，通过服务社群、服务社会的方式实现了一种独特的、有样板性的价值，把现代性内部的危机进行了化解。首先，他的建筑实践的切入点不是规划性的，而是“事件性”的。从台湾“9·21”地震灾区的重建项目开始，一直到四川“5·12”地震灾区的重建的参与，以及台湾“八八水灾”灾区居民家屋重建的项目，这一点是很明显的。其次是“合作化”。他的“轻钢龙骨体系”建筑理念使其实践带有高度的合作化色彩，他只提供建筑材料和技术的培训，合作建房的主体是社群。这里面所包含的不仅是一种建筑实践上的合作化，而且也有一种权力关系的重新配置，蕴含着一种合作性的治理关系。最后，相关的是在这一建筑实践过程中必然涉及的决策与实施、技术与建筑者之间的“民主特性”。这里的民主不是政治学意义上的民主、理论上的民主，而是一种实际的共同决策的关系。我个人认为这三个方面在谢英俊的工作中都是很有特色的，也是在未来能显示出更大的“效能”的。

居民参与 供图：谢英俊工作室

但是我还想说一下这一工作可能遇到的问题。我觉得谢英俊老师的成功之处是他的“轻钢龙骨体系”，但他的实践瓶颈也可能会发生在这个技术之上。不可否认，这是一个很新的理念和建筑形式，但是，任何建筑形式都是与一个具体社会的经济基础、生产方式和文化传统及在地主体的日常经验有机地结合在一起的。这一建筑理念虽然可以以“事件性”为切入点，在一些自然灾害发生时迅速、有效地介入并满足在地主体的实际需要，但它的最终成品——具有这种技术特征的建筑，是否能符合在地性的文化呢？我觉得这是一个问题。从中国建筑的社会性构成来说，城、镇／乡、村落（自然村和行政村），除了实用功能之外，还有很强的文化功能和作用。尽管人们可以说，在这一时期，城市和乡村间的结构已经发生了深刻的变化，但这种变化是不是足以深刻到令传统建筑文化理念和结构不再起作用了呢？我觉得答案是否定的。所以，谢英俊老师的建筑实践在南方沿海地区可以取得较大的成功，但在传统文化有机性影响较深、作用较大的内地，是否可以取得同样的成功，这是我的一个疑问。尽管这种实践在现代性框架之外进行了一种非常有意思的反现代的回归，但是它会遇到和在地的经验或者日常生活如何对接的问题。这个是他的实践的技术性瓶颈。

（本文部分配图为谢英俊基于轻钢住宅开辟的“开放体系”图集，图片由谢英俊工作室提供）

卷二 传承与表现

土生土长

穆钧

土生土长

穆钧

生土，指以原状土为主要原料，无须焙烧，仅需简单机械加工，便可用于房屋建造的建筑材料。其传统形式包括夯土、土墼、土坯、草泥抹面、木/竹骨泥墙、覆土等。以生土作为主体结构材料的房屋通常被称为生土建筑。

以生土为材的建造传统，自原始社会开始，伴随着中华文明的孕育和发展，延绵传承至今，至少已有8 000年的历史。在数千年来形成的浩如烟海的历史遗存和古籍文献之中，可以看到大量以土为材的营建遗迹和翔实记载。

土在水分的作用下所表现出的黏粘性和可塑性，以及良好的蓄热、耐火

高昌古城

性能，就地可取的特点，使其与木材一同成为史前人类最早用于房屋建造的材料之一。在黄土资源丰富的黄河流域，从大地湾文化时期穴居坑壁用于隔潮、修饰的草泥抹面，仰韶文化时期半穴居和地面建筑中的草筋泥防水屋面和承重木骨泥墙，到龙山文化时期大量出现的夯土城垣与夯土台基，春秋战国时期以夯土修筑的古长城与大型高台宫殿建筑，之后，历经秦汉时期的全面发展直至初唐，基于草筋泥、木骨泥墙、土坯（或土墼）、夯土、草泥垛等多种生土材料形式的土木混合结构，已成为系统化甚至规范化的主流营建工艺，被广泛地应用于长江以北地区的城乡民宅、宫殿官署、寺庙祭坛的建造，以及长城、城垣、陵墓、堤坝等构筑设施的修筑工程。

尽管随着盛唐开始木构技术的快速发展与元明之后砖石技术的逐渐成熟，生土营建工艺在宫殿、坛庙、官署、大型宅邸等重要建筑中的角色日益弱化，但由于生土材料的易得性与经济性，用夯土、土坯墙承重，以“硬山搁檩”为代表的土木混合结构，尤其在长江以北地区的城乡一般建筑中的应用依旧十分普遍。自康乾盛世开始，随着全国人口的急剧增加、木材资源的日益匮乏、清末社会经济的整体衰落，由于其可就地取材、操作简易、经济实用的优点，生土营建工艺在民居建造中的应用分布更为广泛，尤其随着大量人口跨地域的迁徙与多民族间的交流融合，生土建造技术的应用从北方逐步拓展到南方，并且在各地区不同的自然条件和社会文化的影响作用下，呈现出多样化的应用形式和工艺特点，由此逐渐形成了我们今天能够看到的、广泛分布于全国且丰富多样的传统生土民居建筑及其文化。

中国传统社会常以“土木之功”作为所有建造工程的概括之名。从中即可看出，生土与木材一样，在我国传统营造技术和建筑文化遗产中，具有举足轻重的地位。

历经改革开放40年的城乡大发展，传统生土营建技术在我国的应用分布至今依然十分广泛。2010—2011年，住房和城乡建设部在全国农村开展了中华人民共和国成立后最大规模的农房现状抽样调查。与通常认为的生土建造传统仅集中于西部地区的认识不同，实际调查结果显示，[1]传统生土建造技术在农村房屋建设中的应用遍及各个省份，尤其在中西部12个省份，以生土作为房屋主体结构材料的既有农房的比例平均超过20%，在甘肃、云南、西藏等省区部分地区，该比例甚至超过60%。据保守估计，目前全国范围内仍有至少6 000万人口居住在多种形式的生土民居之中，且多集中分布于黄土高原、华南、西南、青藏高原、新疆、华东、华中等相对贫困的农村地区。

传统生土建造技术之所以应用广泛，主要源于生土材料所具有的一系列优点。与农村常规建材相比，生土材料具有突出的蓄热性能，使房屋室内冬暖夏凉；可就地取材，因地制宜；具有“呼吸”功能，可有效调节室内湿度与空气质量；具有可再生性，房屋拆除后生土材料可反复利用，甚至可作为肥料回归农田；加工过程低能耗、无污染，据测算，其加工能耗和碳排放量分别为黏土砖和混凝土的3%和9%；施工简易，造价低廉。

然而不可否认，传统生土材料在力学和耐久性能方面的固有缺陷，是制约其现代化应用的核心因素。据统计，在中华人民共和国成立以来的西部地区历次大地震中，

1 穆钧，周铁钢：《中国农村住房抽样调查研究课题报告》，住房和城乡建设部，2012年。

坏损或倒塌的农房半数以上为生土建筑。[1]而其耐久性差的问题，主要表现在生土墙耐水、隔潮、防蛀、防蚀等性能远低于常规建筑材料。这些固有缺陷，使得传统生土建筑难以满足农村居民改善居住品质和提升房屋安全性的迫切需求。多年来，在许多村民甚至地方政府的心目中，生土建筑即意味着农村危房，更是贫困落后的象征。这也是近年来我国农村建设发展过程中，大多数传统建造技术正面临的共同窘境。

技术革新与现代生土建筑

生土建筑不仅在我国，而且在全世界也是应用历史最悠久且分布最为广泛的传统建筑形式。据联合国教科文组织于21世纪初统计，至今全球仍有超过20亿人口居住在多种形式的生土建筑之中，在各大洲都有分布，中东、北非、中亚等发展中国家或地区最为集中。[2]鉴于生土建造传统分布广泛，且其中蕴含着巨大的生态应用潜力，自20世纪70年代第一次全球能源危机开始，以位于法国的“国际生土建筑中心”（CRATerre）为代表的欧美发达国家的研究机构，便着手展开对于传统生土建筑技术的现代化应用研究。这些机构通过大量系统的基础研究试验，已取得了突破性的研究成果，有效克服了传统生土材料在力学和耐久性能等方面的固有缺陷，形成了适用于绝大多数土质类型、具有广泛应用价值的一系列生土材料性能优化理论以及相关应用技术，并通过世界范围内的工程实践验证，至今已走向成熟。鉴于其突出的生态效益和普遍的地域适应性，现代生土材料及其建造技术已成为实现绿色建筑最为有效的途径之一，受到全球尤其是发达国家研究机构和政府的广泛关注和支持。尤其在1998年，联合国教科文组织专门成立了“生土建筑、文化与可持续发展”教席（UNESCO Chair in Earth Architecture, Culture and Sustainable Development），旨在联合各国的科研机构，推动相关领域的研究、教育和推广。该教席的名称正反映出国际机构对于生土建筑研究与发展的定位。目前，全世界已有46个高校或科研机构加入该教席，包括我国的中国美术学院和北京建筑大学。

1 周铁钢，段文强，穆钧，等：《全国生土农房现状调查与抗震性能统计分析》，《西安建筑科技大学学报（自然科学版）》，2013年第4期，487~492页。

2 Minke G: *Building with earth: Design and Technology of A Sustainable Architecture*, Berlin, Germany: Walter de Gruyter, 2013.

现代生土材料优化工艺与传统工艺的区别，如同今天的纯棉制品与传统“土布”的关系。纯棉制品依然基于“织”的原理，采用与“土布”一样的棉花原料，但其先进的加工工艺使布料的质感、着色、可剪裁度等性能远优于传统“土布”。现代生土亦然。

以夯土为例，现代夯土同样基于“夯”的原理，采用与传统夯土一样的土料，但由于整个施工工艺系统性的革新升级，使得夯筑施工的效率，以及夯土墙的力学与耐久性得到极大的提升。在我国西部大部分地区，传统工匠通常选择沙石含量较低的高黏性土壤作为原料，直接通过手工机具进行夯筑。根据CRATerre的试验研究发现，较低的沙石含量恰恰是传统夯土力学和耐水性能较差，且易开裂的根源之一。[1]而现代夯土优化机理与我国传统夯土最大的区别在于，作为夯筑原料的土沙石及基于机械夯筑的现代机具的引入，即根据原状土土质粒径构成的特点，添加相应比例的细沙和石子，使土料混合物形成与混凝土相类似的骨料构成（即以原土中的黏粒取代水泥成分，形成黏粒、细沙、石子的骨料配比构成），通过含水率的控制和基于机械的强力夯击所带来的物理作用，使得干燥后形成的夯筑体的力学性能，以及耐水、防蛀、防潮等耐久性能得到极大提升。该优化原理经数十年的实践检验，已成为全世界现代夯土建造技术研究和实践所依据的重要理论基础。以此为基础，团队选取了多个地区的原状土作为原料，进行了一系列验证试验。根据立方体材料抗压试验结果发现，以此原理夯筑形成的墙体，抗压强度平均达到3.5MPa，约为传统夯土墙体的3倍，根据我国现行技术规范，完全可满足低层建筑承重墙和框架结构填充墙的建造需求。

随着生土材料与生土建筑研究的长足发展，近40年来，世界各地涌现出大量兼具美学和技术品质的当代生土建筑实践案例，呈现出两大发展趋势。其一，针对欠发达地区的民生问题，追求低造价、安全耐久、便于人力施工、可就地取材的高性价比、适宜性生土建造技术。联合国教科文组织生土建筑教席网络在非洲、印度、巴西、埃及等发展中国家或地区所取得的研究推广成果便是其中的典型代表。其二，充分强化和发掘新型生土材料的环保节能特性和全新多元的材料表现效果，作为一项高性价比的生态建筑技术，与住宅、公建等多种现代建筑设计体系有机结合，以全面提升建筑环境综合效能。近20年来在欧美发达国家大量涌现

1 Houben H. , H. Guillaud: *Earth construction: A comprehensive guide*. London, UK: Intermediate Technology Publications, 1994.

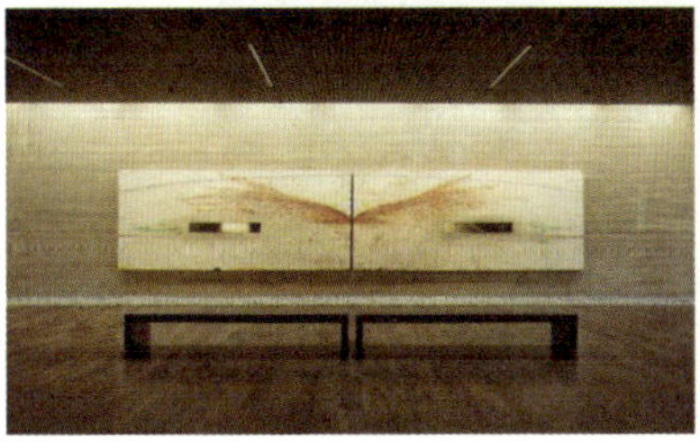

的生土别墅、医院、教堂等多元化现代建筑，以及在历年国际建筑大奖中频繁出现的生土建筑获奖案例，均是这一趋势的具体表现。

现代生土建筑在我国的本土化研究与探索

缘起

1980年，在任震英先生的倡导和推动下，中国建筑学会窑洞及生土建筑分会（1994年更名为“生土建筑分会”）在兰州成立，标志着我国系统研究生土建筑的开端。其后的20多年间，以任震英、侯继尧、左国保、王军、黄汉民、戴志坚等前辈为代表的专家、学者和建筑师，在全国开展了广泛而深入的调查研究，摸清了传统生土建筑在我国的分布和发展现状，并成功开展了一系列广受关注的传统生土民居改良研究与设计实践，不仅为后续进一步的研究发展奠定了坚实的理论和经验基础，而且也使福建土楼、陕北窑洞等富有中国特色的传统生土民居成为国际知名的中国名片。

进入21世纪，国家和地方政府对农村建设的投入不断加大，社会各界对传统建筑及其文化传承的认知转变，以及国际交流与合作的不断加深，为生土营建工艺的

革新研究和现代应用带来了一个全新的历史发展机遇。以本人所在的研究团队为例，过去10多年间，国内的相关研究和实践经历可被概括为发掘应用、改良提升和系统革新三个阶段。

发掘应用——毛寺生态实验小学

本人对生土建筑的研究，始于2004年启动的、位于甘肃庆阳地区的“毛寺生态实验小学”项目，实属机缘巧合中的必然。其时，本人刚开始攻读被动式绿色建筑设计方向的哲学硕士学位（Mphil），正赶上导师吴恩融教授主持该项目，其中的设计与营建部分自然成为本人论文研究的主题。在此背景下，最大限度地减少冬季采暖能耗，成为校舍建筑设计中的一个重要目标。为此，在吴教授的指导下，本人将当地可得的所有传统的或工业化的建筑材料及其建造技术，以教室作为单元模型，利用软件逐一引入进行模拟实验，旨在研究材料、形式与空间设计对建筑热工性能的影响。后来发现，有一类技术具有最高的节能性价比，那就是当地以土坯、秸秆等自然材料为基础的传统建造技术。例如，将常规的240毫米厚烧结砖墙，替换为同等造价的600毫米厚土坯墙，冬季教室内气温可平均提升近1℃；将常规屋面保温挤塑板，替换为同等绝热效能的草泥垫层，造价可降低至少80%。因此，校舍的建筑设计最终决定充分利用这一基于本地自然资源的传统建造技术。在以村民为主体的施工过程中，传统工艺得以发掘，通过性能评估融入细部设计。根据对建成校舍的跟踪监测发现，即使在平均气温低于零下12℃的1月，无须任何采暖措施，仅利用40多个学生的人体散热（相当于3200W的电暖气），教室室内便可以达到适宜的温度，与当地具有同等抗震和保温性能的常规砖混房屋相比，其造价仅为后者的2/3，且全部施工仅由村民利用简单的机具完成。

可以说，毛寺小学项目充分诠释了传统生土建造技术所具有的、远优于常规建筑技术的生态性价比优势，在当今的乡村建设中，依然具有巨大的生态应用潜力。尽管该项目的成果获得了多方面的关注和肯定，但其在技术层面只局限于对传统的发掘、评估和利用，对于传统生土建造工艺存在的固有缺陷，也仅通过设计的改良适度规避，诸如土坯墙面防水等问题，并未获得根本的解决，即便是其中一些成功的技术做法，对于量大面广的农村建设而言，并不具备广泛的可复制性。尽管如此，该项目的研究和实践经历，使本人对于传统生土营建工艺所蕴含的性价比优势和应用潜力，有了更为量化的切身认识，并作为日后进一步研究生土建筑的开端，奠定了十分重要的策略基础。

改良提升——马鞍桥村灾后重建

汶川地震后，受住房和城乡建设部委托，无止桥慈善基金组织并启动了位于四川会理县的“住建部村镇司马鞍桥村灾后重建综合示范项目”。[1]该项目也成为本人博士论文中的研究实践案例。人畜共居的夯土合院是当地村民千百年来广泛应用的传统民居形式。面对震后大量夯土房屋的坏损和倒塌，村民们普遍对其抗震性能丧失信心。基于烧结砖、混凝土等建材的常规建造模式，似乎成为他们家园重建的唯一选择。但常规的重建模式却面临着来自经济、交通、教育水平等多方面的挑战和制约。

毛寺小学项目存在的局限性，使本人切身地感受到，如果没有经济易用的技术措施来提升当地传统夯土农宅的抗震性能，不论它有多么“冬暖夏凉”，也必然会被村民所抛弃。幸运的是，当时结识了已研究生土建筑多年的结构专家周铁钢教授，双方顿觉相见恨晚，一拍即合。

---

1 穆钧，周铁钢，万丽，等：《“授之以渔，本土营造——四川凉山马鞍桥村震后重建研究”》，《建筑学报》，2013年第12期，10~15页。

马鞍桥村所在的西南地区自古便是地震多发地带，传统夯土建造技术能沿用至今，必然存在一些相应的抗震措施。然而，根据周教授对该地区的震损调研发现，随着人们住房观念的转变以及传统工匠的消逝，大量传统夯土建造的核心技术逐渐失传。随之而来的是，在相互攀比心态的作用下，近些年新建的夯土房屋层高、进深以及门窗大小无节制地增大，其抗震性能必然越来越差。如周教授所说："这些房子要是不倒反而奇怪了。"为此，在周教授的带领下，团队结合已有的研究成果和现代建筑抗震理论，通过试验分析，对当地传统夯土建造技术，以及传统的抗震经验进行了系统的论证。以此为基础，在生土材料、施工工具、施工方法、构造节点与结构体系等方面，进行了较为系统的改良提升，形成了一系列可就地取材、经济易用且规范化的夯土农宅建造技术措施，并通过组织开展示范建设，教授于各户人家。示范农宅竣工后，村民们利用倒塌的房屋废墟以及村内的自然材料，在亲友的换工协助下，仅用3个月便完成了所有房屋的主体重建。与邻村具有同等抗震能力的新建常规砖混房屋相比，其平均造价仅为后者的1/10。

马鞍桥村项目的成功，得益于在挖掘当地传统营建工艺的同时，针对其存在的固有缺陷进行改良和提升，由此形成的一系列技术措施简单易行、经济适用，有效地克服了村民震后重建所面临的多方面困难。可以说，这是基于改良提升的传

基于传统夯土技术改良的马鞍桥村震后农宅重建现场

统传承模式，相对于毛寺小学项目，更具有可复制性。然而，我们也清醒地认识到，这些改良性质的技术措施，仅能应对类似贫困农村地区房屋建设面临的窘境。我们不禁质疑，当这些村民们未来“有钱”了翻新房屋时，有多少人还会青睐这一传统夯土建造技术。客观而言，在该项目中，受制于原有的房屋建构和施工体系，传统夯土在力学、耐水性能等方面的缺陷并未得到全面的提升，仍难以实现更高品质的房屋建造需求，因此其推广对于类似贫困地区具有较为重要的意义，但对于较发达地区，应用的局限性仍旧很大。

系统革新——现代夯土建造技术体系研究与示范

基于过往的研究实践经验，2010年9月，本人有幸参加了奥地利籍生土建筑大师马丁·劳克（Martin Rauch）主持的BaseHabitat夯土建造工作营，并于次年受邀参加了CRATerre举办的国际生土建筑节，由此对于国外相关研究与实践的成果及经验，有了更为切身的认识。受此鼓舞，2011年6月在住房和城乡建设部村镇司和CRATerre的支持下，以及无止桥慈善基金的全力资助下，团队以甘肃省会宁县为基地启动了“现代夯土民居建造研究与示范”项目，旨在基于已成熟的现代夯土材料优化机理，针对夯土民居开展进一步系统的研究和实践。

尽管有CRATerre的理论支持，但团队发现，欧美现代夯土技术依托于当地发达的混凝土施工体系，既有的机具系统和施工技术难以直接引入我国，尤其是农村地区。与此同时，法国、奥地利等夯土实践活跃的地区，地震设防烈度通常并不高，相关的夯土建筑抗震经验较为有限。为此，团队根据我国尤其是西部农村地区房屋建设的现状和条件，因地制宜，进行了为期两年的基础研究。通过大量的试验，目前已形成了一套基于本地材料资源和常规设备改造，适合于贫困农村地区的现代夯土施工技术和机具系统，以及与现代夯土力学性能相协同的房屋抗震结构体系。

为进一步检验新技术在不同地域条件下的适用性，在住房和城乡建设部的大力推动下，团队发动已经成为熟练工匠的马岔村村民，在甘肃、河北、新疆、江西、湖北、贵州等具有夯土营建传统的地区，带领当地村民进行农宅建设示范。在过去4年间，先后建成近200户新型夯土示范推广农宅。通过这一过程的持续改进，该技术体系已趋于成熟，并显现出较高的性价比和良好的地域适应性。根据各地区对已经完成的示范建设项目的统计，按相同的结构安全标准和施工组织方式进行对比，村民自组织建设的新型夯土农宅的建造成本（所有人工和材料计入成本），平均仅

为当地常规砖混房屋的2/3；并且，新型夯土农宅在建设过程中产生的碳排放和蕴含能耗，仅分别为后者的25%和20%。

相对于前两个阶段的研究实践经历，近几年能够取得如此成效，得益于现代夯土材料优化机理研究方面的突破，有效地克服了传统生土材料的固有缺陷。以此为基础，通过对建筑结构体系、功能性构造、施工机具、施工方法等全系统的本土化研究，使生土材料的生态效能在现代建筑体系中的充分发挥成为可能。尽管目前的研究只是开始，但未来充满着很多的可能，值得我们基于实践不断探索。

现代生土建筑设计与应用实践

尽管团队在全国多个地区开展了大量的夯土农宅示范建设与技术培训工作，但当我们在采访参观夯土示范农宅的村民时，有时会得到这样的回答："听说房子很结实，住着也舒服，只是……看起来还是个土的……"我们明白，"生土就是贫穷落后"的认知在村民们的心中可谓根深蒂固，团队所做的仅仅是一个开始，要想真正改变人们对于传统夯土所代表的贫困落后的认知，单纯追求建造的高性价比是远远不够的。2013年，由王澍设计的中国美术学院专家楼——"水岸山居"正式落成

马岔村村民活动中心内部

夯土色彩与肌理表现试验

建设过程中的洛阳二里头遗址国家博物馆

并投入使用。作为一个具有标志性的案例，它使国内建筑界乃至社会大众，对于生土在我国当代建筑设计实践中的应用，有了一个全新的认识。如今，全社会对于生土建筑的认知正在发生积极的转变，这些对于包括团队在内的所有业内同人，无疑是一个巨大的激励。

基于已形成的技术系统，团队近年也在利用科研课题和商业项目，针对满足现代建筑设计要求的机具系统、夯土材料的视觉表现、结构及构造的细部设计，以及基于材料性能的潜在设计语言等方面，展开进一步的基于设计实践的研究。例如，团队与北京建筑设计研究院王戈工作室合作，于2015年完成万科西安大明宫楼盘夯土

墙景观工程；在无止桥慈善基金的资助下，设计并发动村民工匠于2016年建成马岔村村民活动中心；协助中国建筑设计研究院郑世伟团队进行设计，并于近日落成的2019北京世界园艺博览会生活体验馆；而团队近期协助同济大学建筑设计研究院设计的洛阳二里头遗址国家博物馆，其建筑面积达到3万平方米，夯土墙最高处达到14米，2019年底落成后，将成为目前世界规模最大的单体生土建筑。

如果说，在上一个阶段，团队更多追求的是在农村建设领域的“性价比”和地域适应性，那么未来，我们希望在坚持这一追求的同时，通过持续、多元的项目实践，努力使先祖留下来的传统，也能够成为人们向往并竞相模仿的“高大上”。

潜力拓展与教育普及

每一种材料或施工工艺都有其相对的优势与缺陷。建筑师的核心责任，就是根据项目的需求定位和设计目标，充分利用每种材料和工艺的特点与优势，并通过建筑设计的方式避规其缺陷，由此也形成了每种材料或工艺特有的设计语言。现代生土，作为一种新的“老”材料，经过革新升级，为设计师提供了一个丰富、多元的应用空间，也为建筑教育与大众科普提供了一个新的平台。

2015—2017年，团队在西安建筑科技大学将生土研究的成果与实践经验引入建筑学专业本科设计课程教学，以Studio（视频教学）的形式分别从“材料视觉表现

粒径

与设计”“建筑与空间设计”两个相互联系且独立的主题出发，通过案例分析与动手操作，让学生独立学习新技术的特性并研究可形成的建筑语汇。尤其在“视觉表现与设计”环节，课程试图针对以“土”为基本材料，以“夯”为基本工艺，通过大量的手工操作实践，激发学生对自然材料的情感，体会建造本身带来的乐趣，使学生对建筑学的兴趣点重新回归到手工艺本身。课程侧重对生土在视觉语言的表现力进行研究与创造，并希望这些尝试能够丰富与拓展人们对“夯土”这种独特的传统工艺的认知，同时也希望这一久违了的工匠精神能在这些学生心中生根发芽。在此过程中，学生所表现出的激情与创造力，以及其中显现出的教学拓展潜力，让团队备受鼓舞。

针对本次展览，无止桥慈善基金与北京建筑大学于2017年夏季联合举办了一次为期两个月的大学生暑期工作营，所有的实物展品由来自中国内地、香港以及美国的30余位大学生志愿者和实习生，在研究团队的带领下共同协作，亲手完成。

本次展览尽管受空间、时间与团队经验的限制，难以充分系统地呈现生土建筑领域的方方面面，但有幸迎来了来自全国各地的6 000余位参观者，也有幸获得了建筑界乃至社会各界的广泛关注和肯定。过去两年间，部分内容也受邀先后参与了深圳华·美术馆“另一种设计”、德国斯图加特“当代生土建筑展”（Earthen Architecture Today）、法国里昂“中国营造遗产展”（China，building heritage）、中国香港“无止桥生土营建成果展”等专题展览，由此将生土营建的研究与实践主题，从专业教学逐步拓展到大众普及领域。面对参与学生与社会大众表现出的极大热情，团队深刻地感到，近年来随着社会各界对于传统文化传承越来越多的关注和投入，我们已经不需要再像过去那样，总需要应对“为什么要做生土”这样的问题，更多的问题如今已成为“如何做生土”。与任震英先生为代表的学界前辈相比，我们这一代人，无疑是十分幸运的。

重识传统

每当被问及传统生土和所谓现代生土的共性和差异时，我们往往会拿前述的布料类比来做解释。传统生土就像过去人们穿的土布，用棉花土法手工织造，曾经被视为只有穷人才会用的布料。随着聚酯纤维的发明，可机械化量产，且更为平整光鲜、更易于裁剪塑形的的确良布料，一度风靡全国。而今天，因为人们已经意识到，穿着的舒适健康与外表的光鲜靓丽同等重要，所以同样取自棉花但兼具二者优点的纯棉制品，便成为人们日常使用最普遍、最贴身的布料。在欧美发达国家，其实类似的价值取向的转变，在建筑领域早已处于正在进行时。且不论前文所提及的、法国专家在现代生土优化机理方面的研究成果，仅从欧美目前主营自然基建材加工的众多企业，便能切身感受到这一变化。后工业化时代，人们已经在向自然回归，但这不是简单的回头，而是一种基于反思的螺旋式上升。可以说，现代生土正是我们现阶段努力研究的生土类“纯棉制品”。但与此同时，我们又生怕被贴上“专攻生土”的标签。作为建筑师，我们所追求的与很多建筑同人一样：如何充分利用本土自然条件，尤其是潜在的自然资源，研究和实践更具在地性的建筑设计和营建方法，而生土只是我们现阶段在一些具有生土营建传统的地区努力研究利用的本土自然资源。

在此，我们想要表达的，并不是要去取代或是否定什么，而是希望在所谓“最好的”唯一选项之外，追寻曾经应地绽放的那份多元，探索属于今天的“纯棉制品”。我们希望，在冰冷的钢筋混凝土丛林之中，人们能够重新触摸和品味人类沉淀千百年的传统与智慧，感受那份久违的真实和温暖，思考传统价值之于今天的意义。

（本文图片由作者提供）

卷三　艺术介入乡村

在研究中创作。在创作中研究

一个教育实验。「南亭研究」中的中国图景

王美钦
陈晓阳

在研究中创作。在创作中研究

王美钦

广州美术学院实验雕塑工作室的陈晓阳博士是目前中国大陆为数不多的有着人类学学科训练背景的当代艺术实践者和教育者。以一个人类学者对他者的关怀，陈晓阳深入广州的城中村与郊区村落做田野调查和参与式艺术实验，尝试着以艺术的方式或通过艺术的手段介入乡村公共空间，寻找被逐渐边缘化的乡村民俗文化在当代社会的可持续发展途径。通过在研究中创作、在创作中研究的方式，她积累了丰富的在村落中进行田野创作的经验。她在实践中积累起来的观察和记录具有明显的在地性，为重新认识华南地区民间艺术以及传统文化提供了新的学术视角。她因地制宜的实验艺术创作活动也因此具有强烈的社会性质，在艺术参与乡村的建设中摸索和扩大了当代艺术的社会价值。

早在2008 年，陈晓阳与几个关注现代乡村发展的合作伙伴一起创建了“蓝田计划”。经过两年多的田野调查和筹备，“蓝田计划”于2010 年在广州市海珠区沥滘村策划组织了一个公益实验艺术展“沥滘站——正在消失的坐标系”，展览选在沥滘村剩下的13间卫氏宗祠中最为破败的心和祠展出。有600多年历史的沥滘村位于广州市海珠区南部，曾是典型的南国水乡集镇，据记载，鼎盛时期此地共有大小祠堂31间，都临水而建。然而，当“蓝田计划”志愿者进入沥滘村调查时，见证往昔繁荣水乡的祠堂只剩下了13间，其中大部被出租他用或荒废破败。这批古建筑成为“蓝田计划”团队进入当地社区和展开项目的切入点，他们围绕祠堂的历史和存亡与村委会和祠堂主人交流；通过对村里主要节日仪式的跟踪记录和对原住村民卫氏家族的老人们的采访，来了解这个水乡的过往今生，挖掘已被遗忘的故事和集体记忆。最后的展览以符合这个社区的文化发展脉络的形式，在经过修缮后的心和祠呈现。展览内容包括卫氏老人根据记忆绘制的沥滘水系地图、村民收藏的年代久远的农具，以及艺术家结合当地文化习俗和富有水乡特色的器物而创作的互动装置作品等等。 为期一个月的展览引起很多当地人的讨论和对水乡祠堂的怀念与追忆。2011年，当地政府决定将一些祠堂（包括心和祠）列为区级文物保护单位进行原址保护，或许与“蓝田计划”所引起的积极反响有关。

因为“蓝田计划”， 2012 年，陈晓阳受邀在广州美院雕塑系的实验雕塑工作室开设在地实验课程，因此也有了收录本期的文章《一个教育实验：“南亭研究”中的中国图景》。“南亭研究”是由陈晓阳设计并带领的一个针对本科生的实验性雕塑课程，它以艺术教育为目标，通过对某个村落进行长期关注，来探讨实验艺术是否可以为乡村的发展带来积极的影响。此外，“南亭研究”也意在带领正在成长中的大学生进入他们大多已经脱离、陌生的乡土社会，创造机会让他们参与到对当下乡村发展模式的讨论和创建新文化传统的过程中。为了学生们来往便利，她选择了毗邻广州美院在大学城的新校区、因大学城的建设而受到极大冲击的历史乡村——南亭村。陈晓阳说，希望这个项目让年轻人将知识的学习和生产从课堂回到社会现场中，慢慢建立起与真实社会必需的、即时的联系。因此，她在课程的设置上要求每一件在地艺术作品的产生都要与当地有关，鼓励学生们结合该村的地理、历史和文化的脉络或当下的现状进行创作。

在文中，陈晓阳从自身经历出发，详细生动地记录了“南亭研究” 这个“在地实验” 新课程的实施过程、学生们需要克服的固执和偏见以及他们最后创作出来的在地作品。该课程起于2012年，结束于2015年前后。其间师生们与当地村民一起经历并见证了在中国城市化大浪潮的推动下南亭村急速转变的过程，其中包括传统人际关系的崩溃瓦解和富有地域特色的农耕生活形态的变异消失。该课程以人类学民族志方法为基础，要求学生们在这个课程中不再为了自我表达而创作，而是“通过在社区、文献和访谈的资料中，逐步建立他者的概念，以当地人、当事人的视角来观看现场，并讨论出有公共意义的问题来创作”。乡村在他们的在地实践中不是过去的标本，而是活生生的、旧的问题已经解决或悬而未决但新的问题或状况又出现的地方社区。因而每届上这个课程的学生面临着不同的社会现实，必须发动村民的参与，共同寻找他们当年关心的公共议题，并以多媒体装置、影像等形式综合呈现出来，最后经村委会同意在村中祠堂展出。这或许也是这个项目的现实意义，因为这是一个急剧变化的年代，学生们必须接受不断的挑战才能超越以往认知的局限，不管是对艺术的或对社会现实的认知。

陈晓阳在文中提到，“南亭研究”项目从一开始就不断引发业界关注和讨论，从最开始质疑艺术被工具化的危机，到是否真正有能力、真正参与社区改变，还包括对跨学科方法的运用欠缺系统研究，等等。她认为所有这些以及项目进行过程中遇到的各种问题，实际上折射出中国社会的急速城市化、社会分层固化、公共空间权属、教育跃进、当代艺术脱离中国现实等诸多问题的现实碎片。也正是因为这些问题的存在，她的在地教学实践以及在研究中创作和在创作中研究的方法才具有现实意义。虽然“南亭研究”项目已于2015年结束，陈晓阳个人对寻找当代艺术实验和传统乡村社会衔接与沟通的方法，并试图建构一种有脉络的新文化传统的努力并未停止。相反，在2016年，她又在大学城边上的古村深井发起了“深井在地实验艺术展”，继续在教学中尝试社区调研创作方法的可能性。随后，她又与合作伙伴在广州北面的边远山村乐明展开公共文化艺术空间建设、文化艺术交流展示及手工艺在地培育计划。这个正在进行中的艺术乡建项目旨在让文化艺术回到乡村重新落地生根，召集来自不同背景的艺术文化工作者共同探索中国乡土现代化的可能性。相信她会在持续的在地实践中不断调整她的研究方法，并为艺术乡建——当代中国参与式艺术的一个重要组成部分，提供宝贵的田野经验。

一个教育实验：「南亭研究」中的中国图景

陈晓阳

南亭研究是我在广州美术学院实验雕塑工作室开设的新课程“在地实验”的长期课题，从2012年秋天开始至今已6年多。那时离广州大学城正式投入教学使用已有7年，多年后才明白那竟然是个关键的时间点。如果不是意外撞上合适的时间，很难想象可以用教育实验的方式，来见证南亭这个历史乡村急速变迁为现代城市的转折过程。

因为个人学术旨趣的转变，我当时将正在修习的人类学民族志方法作为这个教育项目的观察方法基底，启发和引导美术学院的学生们学习如何观看身旁的社会现实，一起寻找居民与创作者每年共同关心的公共议题，并以多媒体装置、影像等形式综合呈现出来，在村中祠堂展出。这个项目从一开始就不断引起业界关注和讨论，从最开始质疑艺术被工具化的危机，到是否有能力真正参与社区改变，还包括对跨学科方法的运用欠缺系统研究，都不断折射出中国社会的急速城市化、社会分层固化、公共空间权属、教育跃进、当代艺术曲高和寡等诸多问题的现实碎片，呈现出这些年间，华南社会变迁的种种图景以及许多个体的故事。

从历史图景到现实的激烈现场

2012年第一次选定南亭作为研究地点，并不是因为这个村落具有特殊性。虽然小谷围岛曾是南汉宫廷的狩猎场和陵墓所在地，民国时做过黄埔军校的练兵场，但南亭依然不是那种拥有特殊自然资源和文化遗产的名村。这里和珠三角大多数水岸聚落一样，只是个既拥有几百年的祠堂，有宗族社会，有耕读传统，同时也正在面对现代化冲击的社区。对于华南以外的国人，尤其是与乡土隔断联系、在城市和学校教化中成长的人群而言，第一次走进珠三角村落，都会因村中还有大量庄严而华丽的祠堂感到惊异，并且这些祠堂大多还在发挥维系宗族、处理村中部分公共事务、年节聚会的功能。这种活态的传统在大部分中国社会中已经消失，我们通常要在小说和历史书中去揣测过去的情形。在做南亭研究项目之前，我与几

2003年的南亭旧风光

位同好于2008年开始，还发起了一个草根NGO组织“蓝田计划”，在广州的城中村沥滘针对即将因城市发展而被拆除搬迁的13间祠堂群组织参与式行动，最终我们和村民一起努力让其中4座价值最高的祠堂原址保留，这也成为南亭研究课程设计时的实践基础。

2012年在南亭的工作，因为当时村民们还未淡忘过去的岭南水乡记忆，大学城建设过程中的种种不适应每天都在挑战着他们的日常生活，所以我们就顺着村里相对集中的历史问题，跟着当地人的述说渐次打开这个社区过去的辰光。大学城来到之前，南亭所在的小谷围岛还未三通一平，村里日常生活使用井水，往来市区和小谷围没有桥也没有地铁，要靠摆渡船。南亭过去的经济方式主要是蔬菜种植，提供广州南部批发市场中大部分的香菜和葱，2000年左右，每户人家年平均收入十来万元。恬淡的江岸社区邻里熟络、安静，村里又有华侨捐助的小学，到了年节还会请上一台粤剧大戏，老人孩子们都顾得上，算是安居乐业的小康生活。

这个课程的设计并不复杂，只是要求学生们在这个课程中不再为了自我表达而创作，而是去理解艺术真正的公共性从何而来，如何处理自我判断与为他者发声的关

2012年时的南亭关氏宗祠

系。因为南亭毗邻美院，有很多学生租住在村里生活创作，长时间的生活经历确保他们有可能在短期内掌握一些基础的田野调查方法，换了其他村落反而并不合适；并且由于时间和空间往返的成本很低，也确保我作为项目设计者和观察者可以长期跟进观察。学生们通过社区、文献和访谈的资料，逐步建立他者的概念，以当地人、当事人的视角来观看现场，并讨论出有公共意义的问题来创作。但是在实际操作中却困难重重。虽然美术专业的大学生都来自各地的城乡，并不属精英人群，但要放下自己的立场去为不相关的他人表述，这令他们很难适应；让他们虚心向地方社区学习，则更加挑战他们的偏见和固执；甚至有学生非常激烈地反对，觉得自己的艺术理想被操纵了；城乡文化差异带来的冲突，也让很多城市里长大的孩子产生心理上的不适应。

有一个小组里的某位同学是素食主义者，他的专业能力非常好，但是却对站在村民立场观看社区没兴趣。乡村年节庆祝时因祭祀和庆典大量宰杀动物，在他看来是动物的灾难，所以他认为当时社区里被反复描述的、征收土地中出现的各种问题所带来的痛苦不值得同情；如果这个世界是丛林法则，和村民们相比，动物更加可怜。后来我引导他们不必局限在人和有村落的历史，可以将视角扩展到“村落之前”，自然

2013年，在祠堂里的田野调查与在地研讨

和空间依然在那里。在地研究可以参考人类学田野调查方法，但其实并不局限于人类社会，自然及其他物种同样可以是他者。最后，这个小组的作品《不存在的存在》选择了一个已经消失的动物视角，从南亭的地理最高点直达江边，用影像穿透现实中规整的街道、杂乱拥挤的村巷、破败的老墙和美院学生温馨别致的工作室。这种纵向的时空切割带出更多此时此刻个体与自然及社会纠缠不休的真实问题。

那一年，无论学生们因何疑问去探索社区中的公共议题，村民们都在反复描述大学城建设过程中的急速变迁给他们带来的种种不适应。他们对过去田园生活的怀念，对征地补偿过程中问题的不满，尤其对连村里自己筹资建设的小学和关帝庙都被拆掉、关老爷只能被抢救回祠堂的事件耿耿于怀。老人说起过去农历五月十三关帝诞辰，关帝乘坐神轿在村中行乡游神[1]，前后锣鼓，旌旗飘舞，老少同欢，煞是热闹。有一个小组就以这个话题做了一组影像装置《重归南亭》。他们用三台相机搭建成270° 视角的拍摄装置，按老人家回忆画出南亭关帝游神行乡的路线，以及当

1 游神，是世界各地的宗教或民间信仰中的常见仪式，通常会选择在神诞日或节庆时举行。信徒将神像从庙宇中请到神轿中或神坛上，由多名强壮男子肩扛沿街巡游接受膜拜。神祇巡视社区，保佑合境平安。在东亚地区，通常沿途还会敲锣打鼓、舞狮、舞龙、表演地方戏曲等。

《不存在的存在》截屏，李中阳、胡少明、邹雨彤，2012

《重归南亭》多媒体装置，李佩璇、吴涌佳、李汉晨、余绵城、邢更更，2012

时的仪式道具及游神过程。在了解了全部情形后，他们以关帝的视角沿途记录庙宇被拆除后的南亭村落景观：村里的河涌被水泥填埋，石板桥只在水泥路面上露出一个奇怪的梯形凸起，到处是正在拆建的村屋，村民从耕田变为“耕楼”，村中常见的“一线天”巷道，疯狂缠绕的电线和阵列状的密集水表……最终拍摄的三屏影像由三台老电视播放出来，承托电视的是废墟中找到的学校课桌，村民们进入祠堂时几乎不需要导览，就能自己读出这种装置手法要阐释的信息。而一副由沿途街景照片为底图的扑克放置在电视机前的祠堂的圆桌上，村民们玩耍了一会儿，就发现这副牌他们无法继续玩下去，因为每张底图并不是简单的纪实影像，而是他们的邻里家园，谁家的亲戚谁家的房子都太熟悉，几圈玩下来，牌面都被记住了，而我们这些外来者却不存在这种问题。大学城的发展游戏显然也是不带当地人玩儿的。

未来已来

第一年的在地展览获得了村民和祠堂里族老的认可，但是祠堂里活动众多，很难约档期，好在连续三年我们的排课都在农历九月[1]，因此2013年和2014年的在地展览都继续在那里举行。为了对比第一年的数据，2013年的调研重点放在了南亭外来居民的生活中。外来居民的生活数据刷新了我们对身边这个貌似熟悉的社区的认知。在南亭剩下的2.16平方公里的土地上，大学城进驻后，因为岛上商业设施不足，村里逐渐开设了很多服务场所。南亭有一条画材街，几十间出售美术用品的小店为美院师生提供专业服务，还有打印店、画框店、木工房。因为村里离美院近，很多美术高考辅导班也招收了外来的高中生，他们都在村里进出。百货店和餐饮更是集中在南亭村委开发的商业街那里，成行成市。最令人惊讶的数据是，村中有120多间时钟酒店。对这个数据的好奇，使得前后两年有不同的小组跟进调研。

2013年的调研主要围绕时钟酒店的数量，调研小组试图探究这个数字的背后意味

阅读展览前言的南亭村民，2012

1 农历九月的重阳节要祭祖，以及农历三月的清明节、七月的中元节，按珠三角风俗，这三个月都算是鬼月，祠堂里不举办任何庆祝活动，是比较清静的，可以做其他非庆祝的活动。

2012年在地展览现场

着什么。因为时钟酒店的使用者都不是本地人，大多是美院和旁边的广东工业大学的学生亲属和学生情侣们。但为什么需要那么多数量，以及这些酒店为什么都有生存空间，则显影出大学城规划建设时欠缺考虑的相关问题。大学城岛上除了各个学校的专家公寓和一间大学城酒店，在规划时并未把学生亲属探访和学生们其他的空间需求考虑进去。岛上的娱乐活动很少，教师们下课后基本都会回城里，学生们在校园里的生活也非常单调孤独，很多学生开始靠恋爱来打发时间，而四个保留村里相对还有完整的社会，有老人有孩子，学生们也就干脆跑到村子里感受市井烟火

左：《小天地》，黄金星、肖辉南、林诗浩、贺涛，2013

右：《露天旅馆》，赖昱颖、林恩超、陈树冰，2015

气。这个小组最后的作品《小天地》选择用南亭码头上特有的抓虾笼编织成一个巨大的蜂巢，从每个蜂巢孔的位置望进去，会看见一个个时钟酒店的微缩招牌图片；酒店的每一个名字都来自现实，每个招牌的颜色字体将南亭村中的景观碎片连接起来，创造出一种新的现实主义图像。

2015年，另一个小组继续对这个问题进行追问。这一年的数据显示，酒店的数量虽没有大的波动，但和2013年相比，这些时钟酒店逐渐分化出不同的装修风格，地中海式、北欧宜家风格、新中式古典、乡土民俗风、波普风格……花费不高但风格鲜明，与国内开始的民宿风潮有着或多或少的关联。这些各异的风格引发这个小组的兴趣，他们也对去不同风格酒店的人群产生兴趣，做了一些“很猛”的访谈，可能因为调研者与被访者身份接近，年龄也接近，“套出”了很多生动的资料，让我们见识到年轻人情感生活的多元状态，包括对爱情的感受、对父母的困惑和对待性伴侣的态度。这一次的调研资料显现了这一时期大学生情感生活的复杂性，是我们在象牙塔的教育中完全忽视的世界。社会生活的每股潮流都裹挟着这些年轻人，他们或顺应或反抗，在日常规定的选择中出离，试图不让自我淹没。这组的几个同学都在城市里长大，他们并不喜欢沉重的表达。因为喜欢户外活动，在调研过程中，他们在村屋楼顶搭了临时帐篷住宿，感受在村中过夜的感觉。最后，他们选择了帐篷作为载体，并征得了120多家酒店的同意，将酒店广告反复地印制在作品《露天旅馆》上面，邀请观众进入帐篷中感受这个社区中的奇特景观。无论在美院美术馆的展出，还是后来获邀去其他城市，这个帐篷就像一个带着大学城基因的胶囊，将这个社区现实折叠并携带出去。

2014年，学生们渐渐发现调研变得比过去难了。和前两年一问村民就打开话匣子说不停的状态不同，很多村民都开始忙碌起来，没有聊天的闲暇。村里的老屋子在这几年间也拆得七七八八，都改建成了在一栋房子里面间隔出十几间套房的“握手”楼，村巷里的光线因为握手楼密度增加也越发暗淡。好在2014年时，微博还是很重要的社交媒体，因为找不到合适的聊天对象，有一个小组开始试着在微博上用关键词寻找线索，结果真的找到了几位出生在小谷围、后来去城市里工作的年轻人。有一位爱好写诗的姑娘，写了一首回忆南亭旧时风景的诗。如果没有之前的调研，我们也会认为那些平淡的描述乡愁的诗句并不能打动读者，但是诗句中的每个细节对我们来说都在印证着前些年调研记录下来的每一处南亭风土。因为了解，我们忍不住从“同情之理解”变为“理解之同情”，这个事件让所有调研者也更真切地体会到了这一代急速失去土地和故乡的人内心的苦楚。这个小组还从微博上找到来自小谷围岛上另一个保留村——贝岗的年轻人。他回忆起童年时代小谷围岛上的山谷清风、稻花芳香，都和我们现在熟悉的规整无差别的大学城景观形成巨大对比。通过这位贝岗的青年，我们还了解到小谷围方言和广州市区方言的不同。最后，这一小组邀请了很多位来自不同地区的同学，用方言朗诵南亭女诗人怀念故乡

《忆故乡》，陈舒婷、黄腾飞、陈罡，2014

的诗，再用这些小谷围话、客家话、粤西话、潮汕话、湖南话、河南话的朗诵版本创作了声音装置作品《忆故乡》。他们在祠堂中用一组建筑装修用的简陋木梯和村里无人看管的盆栽，做成一组声控装置，每当观众走近，感应器会自动打开播放音频。很多路过祠堂的人都很感兴趣地侧耳倾听，老人们更是搬着凳子坐在旁边一遍遍重复听。不同的方言代表着的不同故乡，在南亭的空间里因这首诗神奇地组合在一起，而这些记忆与情感的碎片连接的起点却是网络虚拟空间。这一刻，在地实验的作品又显现出某种魔幻现实主义的味道。

关闭的村落与无序的社区

2014年以后，在南亭的调研越发难了，熟悉的村民觉得能告诉我们的都说得差不多了，而且我们的作品只能帮助他们在媒体发声，但他们的问题并未得到解决。村中外来人口越来越多，城中村的生活已成为常态，南亭已从邻里相闻的熟人社会进入每个人都越来越独立的陌生人社会。更多时候，村民和学生是房东与房客的关系。房租日渐高企，学生们在这种社区关系中开始逐渐变为弱者，甚至不得不因为交不起租金而要搬到更远的地方。他们困惑于参与式艺术的初衷——为什么参与？参与为谁？谁的“公共”以及谁的议题？为此，我强调再次回顾实验设置的初衷，希望他们站在他者的视角来观察，并通过他者的境遇反观自身。这其中并不存在非此即彼的对错，而是借此获得观看世界的多元视角，尝试在混杂的社会现实中建立判断，并找到创作的新起点；而且，当言语的访谈不再是便利的调查工具时，艺术家们还有自己的看家本领——对视觉的敏感可以让我们继续观看到一些不一样的东西。

有一组学生来自外地，他们在村中住了四五年，除了每月交租需要和房东沟通外，其余时候不使用粤语对生活也没有影响，因为五湖四海的外来居民已经让普通话成为南亭生活中的常用语言。他们第一次试图开始调研，看见有些村屋的门口墙角下都有“门口土地财神”的神位，觉得很神奇，这种风俗在他们的故乡并不存在，他们也不懂具体意义。正在他们好奇的时候，一位本地阿婆突然打开院门，他们吓坏了，赶紧跑，阿婆在后面还招手喊“唔使惊”（粤语“不用怕”）。回来后，他们向同学们说起刚才的情形，把大家笑出眼泪，但是他们却因为对语言的极其不自信，再也不肯去接触本地人。后来我们通过讨论，决定换一种以视觉图像来统计的方法。他们在卫星地图上将村中所有有“门口土地财神”的人家的位置标注出来，并统计数量。这个地图和数量的结果令我们很惊讶，南亭村旧街巷中刚好还有700

《七百位土地神》，朱威、胥孟遥、陈斯坚，2015

个土地神位。[1]广东民间社会历来满天神佛，本地人也笃信“拜的神多，多得神庇佑”，但在这个小小村落中布满了700位土地神，无疑是非常壮观的景象。那一年的在地展览因为赶上农历闰八月，祠堂里有村民要摆酒，我们只好挪回大学城美术馆展出，好在还在南亭过去的土地上，“在地”的说法还是能说得通。开幕时，村中老人和村干部也来参观祝贺。当时创作《七百位土地神》的小组将拍摄的所有土地神牌图像连续打印出来，装置在展厅的地脚，提醒观众留意“脚边”这一重要却并不起眼的神圣空间与土地的关联。后来《七百位土地神》跟随展览又去深圳展出，那个展厅有个透明的通道，我们将700张土地神的图片悬挂飘扬在半空中。在这些密集的土地神管辖的空间下穿行，又提供了另一种珠三角空间与土地交错的经验。

南亭的移民社会现实在2014年已基本形成，这从村中越来越多且显眼的“请勿在此倒垃圾”的标牌就能感觉到。把垃圾都扔到别人的门口，这在过去的乡村社区很少出现，因为邻里都是熟人甚至是亲戚，彼此抬头不见低头见，也有乡规民约约束，大多数人都不愿做损人不利己的事情，也怕被别人指责，影响个人及家庭声

1 珠三角本地人的习惯是，通常不是自己居住的房子不会设土地神位，只有自己居住的房子才会恭敬严格地安设神位，而且每个月初一、十五和年节还要上香敬神，不可怠慢。

誉；但当这里慢慢变成分散的原子形态的陌生人社会，乡规民约不存在了，而城中村又因为不是政府规划建设的社区，很难完全纳入城市卫生管理系统中，扔垃圾这样的小事就会变成村里的公共灾难。发现这个问题的小组，一开始是觉得这些标牌上的民间书法很生动，有些在警示话语后面还加上了诅咒，但是时间长了，垃圾问题依旧，每个标牌的主人都在说不许把垃圾扔在他家门口，却没有人提到哪里可以扔垃圾。学生们于是对这个问题进行倒推，开始了调研。他们先阅读了一些关于垃圾处理的文献，然后追踪南亭垃圾的生产、丢弃、回收、消失的路径，发现了前面提到的那些问题的几个基本原因。

他们首先采访到一位愿意对话的大叔，大叔用各种粗俗俚语描述了乱扔垃圾的主要人物。这些人不是本地人，也不是大学生，而是很多考前美术班的高中生，和一些做生意的外来人。村民和大学生都是常住居民，后两者则是与社区关系不确定的过客，也就缺乏对本地环境的基本关心。其次，城管部门并未将南亭的垃圾堆放点进行合理安排，比如放置在大家经常出入的路旁，反而为了垃圾车的收取方便而安排在村外靠近大马路的路边，这一来由于垃圾收集点太远，人们日常丢弃垃圾时往往会选择路边顺手的地方，而这很可能就是别人家的门口；并且，在垃圾堆放点，几十个垃圾桶堆积在一起，当最外层的垃圾桶被装满后，人们只好将垃圾抛掷到后面，各种肮脏混乱随即产生。这个小组的另类调研让我们真切地理解了从乡村到城市社区变迁的过程中，政府制度与村民生活方式的转变其实很难彼此快速调适。虽然艺术家不需要真的去解决社区里的垃圾问题，但是依然可以通过这样一个有趣的

《南亭书法》，潘单穷、冯文丰、苏永强，2014

调查过程，让村民们有了一个对这个习以为常的问题展开对话的可能。最后，这个小组跟垃圾牌的主人沟通，用统一打印的警示牌换回了现场原有的警示牌，创作了装置作品《南亭书法》，并隆重地用金色的欧式画框装裱起来。粗粝生猛的民间书法呈现出强烈的戏剧感。他们也用垃圾桶模仿微信群做了一个装置，并在展览期间提供二维码扫描，欢迎大家参与关于本地垃圾处理方法的讨论，以创作为手段将一个公共事件从混沌的现实中提炼出来。

参与并不一定要“那么有效”

2015年以后，国内艺术界开始出现艺术介入社区项目的泡沫式增长。虽然大多项目不过是短时间进入社区，蜻蜓点水地开展后，就带着走马观花的资料着急地回美术馆展出，但是这些现象却对学生们产生了明显的冲击。他们一方面觉得这种类型的艺术项目都有点隔靴搔痒，对社会现实并无作用；另一方面，跨学科方法被滥用后，艺术的形式语言在其间作用甚微，学生们不知道如何找到艺术的位置。虽然这些冲击并不影响我的研究，但是做了那么久的调研，和南亭的很多老人也成了朋友，总觉得还是可以做些真正回馈社区的建设性事情。

南亭有个地方与美术学院颇有渊源。这里是近代著名艺术家关良先生的故乡，至今村中还保留了关良的故居。2012年，故居里面堆满建筑垃圾，杂草丛生，因各界的呼吁，后来政府将其修整干净，交由村里管理，但那栋80平方米的小房子似乎已再难为家乡贡献更多力量。关良先生家是村中望族，他的哥哥关德寅先生早年留学日本，在日本做过小学教员，回乡后在祠堂里创办了南亭小学，至今祠堂里还有他的画像。据村里老人说，当年日本兵扫荡到南亭时，带队的小队长在关德寅先生家看到照片，认出是自己的老师，就带兵退出村子，南亭从而躲过一劫——仿佛电视剧的桥段。我们在几次展览中，试图通过图像文字让关良兄弟的传奇再度引起南亭村民的重视，很多村民也的确通过我们的展览，开始对这位族人有了一点点认识。2015年，北京、上海、东莞连续举办了三次关良先生作品的收藏展，使关良画作价格飞升。这位在近代美术史上被长期忽略的大师再次引起了收藏界和学术界的重视。我专门去东莞看了关良先生的原作，令我惊喜的是，他的三件彩墨戏剧人物的画作落款印章里出现了“番禺关良”“南亭”的印鉴，这些发现让我隐隐觉得似乎可以借由关良先生的影响为他的故乡做点事。

我试图在村里寻找合适的老房子，建设一个以“关良故乡美术馆”为名的空间，兼具社区博物馆和小型美术馆的功能，一些留村的毕业生可以在这里做小型展览，丰富社区生活，村里的孩子和村民也可以用来展示自己的书法、绘画等作品，类似一个小型社区文化中心。我想先落实了合适的空间，再慢慢和村民一起努力软性建设的部分，通过其他方式获得相应支持；但是在多年努力难以推进后，我才越来越深入地理解了空间及空间权力才是中国乡村社会里最大的问题。例如本来在码头附近有间不再使用的太公厅 ，两进的老房子，面积不到两百平方米，有个幽静的小院子，除了里面有根石柱倾斜，其余完好，维修起来成本也不高，而且邻近码头，交通也很方便，很适合开发成新的公共空间，村民和学生们都可以使用。但是从第一年我们前去询问是否可以租用开始，到很多年后，祠堂里老人才告诉我们，因为那个太公厅的产权归属好几个社的子孙，租金分配很麻烦，所以他们懒得外租。村里其他可租用的民居又陷在街巷深处，公共功能不好，很难把关良先生的影响作用于社区。后来，我又试图联系关良先生在国内的最大藏家罗立火先生，与他商量是否可以让关良作品回到大学城美术馆展出，因为大学城美术馆所使用的土地在过去也是南亭的田地，而且挨近南亭，方便村民过来欣赏。他也有让关良画作回归故里的愿望，但是因为大学城美术馆的功能主要服务于教学，缺少恒温恒湿的条件，不适合收藏级画作的展出，于是作罢。

此后，关良故乡美术馆的计划一再搁浅，我也从5年多的实践中看到南亭社会复杂而多元的力量的此消彼长，政策的、资本的力量以各种面目的协议出现在村民的手上，目的还是着眼于他们所拥有的土地，我也就此决定不再纠结在城中村社区进行落地的参与实践计划。随着南亭房屋租金的不断攀升，本地房东变成了村落社区中的强势人群，省政府也接受了小谷围居民的上访，案子等待处理，村民们已开始较少谈起拆迁补偿不公的历史遗留问题，更多时他们会在祠堂热闹地忙着庆祝年节、婚嫁寿诞、扒龙船，商量着重建被拆掉的祠堂西座和重建关帝庙。虽然村中年轻人开始渐渐融入城市的生活，但是因为村落空间和祠堂还在，他们的社区认同在被拆建的过程中似乎更牢固了。

2016年初，关氏族人靠自己集资重建了破损的祠堂西座“忠盛堂”。因为每次我们的展览都获得村里老人的支持，不仅无偿使用祠堂，连水电费都不用交，过意不去的我也捐了一点钱作为答谢，谁知他们就把我的名字写在红纸上公示。2017年我去忠盛堂的时候，他们又把公示过的名单刻在石碑上，并且镶嵌在祠堂的山墙上，我的名字赫然位列一众关家兄弟中间。就像绳武堂东侧那几块嘉庆年间、道光年间的石碑一样，是不是三百年后我的名字也会变成石碑上的浅浅文字，提示这个

重建后的忠盛堂

村子曾经有那么几年，来了一位女教师，带着学生们堂而皇之地进出祠堂，还弄来那么多奇奇怪怪又与他们的生活息息相关的“作品”与村民交流？在我的田野生涯中，现实总在艺术之上震撼我，但是看着石碑上我的名字上冠以的“美院老师”，又觉得一切是那么合情合理。过去10年，我往返于书斋和华南的山野城市间，经历过太多匪夷所思的文化震撼，而每当最后在田野中找到问题的答案时，就又增加了我对中国文化复杂性和混沌性的认知，尤其是在这个有着几千年历史的礼俗社会，很多看似荒诞的事实背后都有可以言说可以同情的故事。奇观的背后不过是民间社会朴素的你来我往、你敬一尺我敬一丈的温暖心意。这个世界本来就不是一个非黑即白的二元世界，但往往我们在设定目标时又不得不将黑白作为参考的标尺，这才造成了我们判断的两难。

所以，很感激南亭和这里的人给我们师生这样的机缘，让我们在模式化的教育系统中还能找到做实验的借口。因为南亭，不远不近，它就在那里。

（本文图片由作者提供）

卷四　品书

《六》的故事。引出的一位真正的作家

何叶

《六》的故事。引出的一位真正的作家

何叶

《六》
作者：上条辽太郎 口述
　　　苏娅 著
出版社：北京联合出版有限公司

作家赵松让我别把《六》的书评写成我与苏娅的“姐妹情深”。

虽然是玩笑话，但我发现我其实是无法避免要姐妹情深的。我要老实承认，从这本书寄到我手上，直到我很缓慢地把它看完，之间的情绪感受都是围绕“我的朋友苏娅终于以一位作家的身份出了第一本书”这个事件给我带来的兴奋而展开。

《六》是一本很难归类的书籍，它表现了一位日本人六（上条辽太郎）的人生态度，六的流浪，以及他在大理成了家，生了三个孩子，按照 “自然农法”耕作、收获粮食，又玩音乐，酿酒做味噌，自给自足地生活。书的第一部分是用苏娅的视角和语言来讲述六的故事；第二部分是六的自述，片段式的，关于他对生活和世界的认知。

可以想象，这样的书，很容易被人认为是一种“农家乐心灵鸡汤”题材——现在可是非常流行呢！但苏娅，用文学性极高的语言和平静深沉的洞察力，让自己成了真正意义上的作家，也让这本书焕发出朴素睿智的气息。几乎从第一段文字开始，进入大理的山川、田野、空气、云，我之前提到的那种人情式兴奋，很快变成真正严肃的、被文学力量裹挟的心灵震颤。

也就是说，我认为成就这本书的高度的，是作家的语言，至于这个语言所描述的六的故事的迷人性，退到了文字的背后。

（一）语言

苏娅和六都生活在大理，如果要讲一个在大理农耕人的故事，也许我们常见的方

上条辽太郎

上条辽太郎在田里劳作

法，是从大理的人口地貌开始。而在苏娅的描述中，没有任何概况式的东西，也没有评论。

她的笔触，节制、平静，细小但不琐碎的日常行为，那种气息，仿佛就是她每天清晨推开门进了小院，抬头的所见，和猫狗植物说了几句话一般自然。她就生活在那里。

苏娅表现的她与六的来往、深谈，间杂着这样对光线、气温变化，对冬雪，对风的描述：

> 整个冬天，苍山上的山林和雪线持续地争夺着领地，每当山下的气温升高几度，夜晚就会刮起大风。风，轰鸣一整夜，从山顶直接滚落下来，劈岩穿石，又在不远处的空地上盘旋一阵，向着东方的村落呼啸而去。第二天早上，湛蓝天空下树林的顶端，便薄薄地覆盖了一层雪。
>
> 十一月，苍山上下了雪，风雪持续了一整夜。雪落在山巅，在月色下反射着冷冽的银光。雪在建造宫殿，纷纷扬扬地堆砌着尖顶与飞檐。大清早，雪线从云里露出来，碰巧一阵风惊飞了鸦雀。不冷的风吹拂着，送来松柏清苦的气息。鸟和光和寺院的钟声，弯曲地鸣叫、弯曲地行走。

我们看不见风，看不见气流，但在文字里，风有声音，有行进轨迹，而声音（钟声），也会弯曲和行走。这类带有天然通感的语言，触觉转化为听觉，听觉又变幻成视觉，苏娅是运用自如的。她用的辞藻很少，简素无华，只是带着读者一起站立在环境中，一起张开手掌，舒展敏锐的感官，体察这些大自然的细微翕动。

在我的阅读感受里，甚至不觉得苏娅是在刻意描述风景，这里没有旅游景点那些游客追求的宏伟和绮丽，有的只是苏娅对大自然的一种感知，哪怕是在漆黑的深夜里，如果你有心境，也能看到层层叠叠的景物。

并且，苏娅对景物的散落式描写，仅是六的生活状态之依托。四季更迭中，六播种和收获，搭建火炉和酿酒；晨昏交替间，六烹饪和制作发酵食物，劳作或休息。晚间一阵清风吹过，他架起了迪吉里杜管。

> 傍晚时分，一阵风从苍山顶端的山谷风口呼啸滚落、扫荡平原，另一阵风又从洱海边的村庄拔地而起。你知道每一阵风明确的起点和清晰的轨迹。它被多大的力量推动着在空中交汇、角力，甚至距离你有多远，你都能感觉得一清二楚。读风，风灌满人的思绪。

> 迪吉里杜管的声音来自一阵小型的风，从空心的核桃木长管中发出。六辨析风的来源，控制它力道的大小和起伏，保持循环的呼吸。停留在这样的呼吸里，身体便拥有一股循环的力，仿佛被不断地冲刷、洗净。吹奏迪吉里杜管的夜晚，睡得很安稳。秒针在墙上走完一个个圈，异乡空荡的天井里，月影穿过一朵朵云，忽明忽暗，永无止息。

读取大自然的风，再顺着六鼓动的口腔，让身体中循环的风把迪吉里杜管吹响。书里经常可见，一段看似对景观的描写之后，跟着就是人物与这“景观”的依托与相融；在声音和场景之后，也许又转为对实景的思索，时间之秒针推移，月影云朵荡漾在无垠的时空。

> 石头有声音，木头有声音，火焰有声音，太阳洒下来也有声音。我们坐在空荡的天井里谈论声音，声音旋即被风吞没，风的声音又被虚空抹去。

最让我激赏的，是在“即兴”这一节中，苏娅对六钟爱的音乐的描写。人们对声音或音乐的感知，因为缥缈无实体依附的特质，我一向觉得是最难描述的。但苏娅从一开头就告诉我们，石头木头，甚至连阳光也有声音，瞬间把我们的听觉从狭窄的地域带入了哲学性的旷野。她对声音的“物化”处理首先是视觉化的，像动态的画卷，让人跟着心潮起伏：

> 迪吉里杜管循环的力在弦音里跳动，西塔琴在雷蒙手中揉得更加细密，四周的浪涌更激越了，颤抖的波纹滞重平稳地运动，忽然一阵疾音上升，风拂过，秩序消失。流水涌入平静的水域，冲击、回旋，云影飞快飘移，天和地微妙应和，意识来不及反应，纵向横向地渗透着。几秒钟内，天空、湖面与倒影的世界重新排列秩序，西塔琴、吉他、卡洪鼓和迪吉里杜管的声音纷然下落。声音留在天上，这些器乐重新具备了物的属性，每一种音色与气息在空中跳跃、在空中沉落。晚风中流荡的一切重又能够辨识。

而决定了苏娅文字的超越意义的，是她在描述之后带出的精神外延，由音乐而至自然、心境、观念、宇宙，纵横捭阖，人的生息与这一切都有关联：

> 六喜欢循环的声音。也许因为尘世中人对永恒的仰望只能借助这些无穷无尽的微小循环，一百遍一千遍地发出同一个音节，身体和意识领受这无望的震动，进去进去进到最里面去，但没有尽头还是没有尽头。忽然一个声音出现，啪一下打破所有的虚妄与撞击，换了一个新的空间——一个不一样的视界，更高的循环。

还有关于“发酵”，就像苏娅向六学习做味噌，她写道：

> 六偏爱那些能够发酵的事物。人的意识、感觉、对过往经历的认识，乃至人和人、人和事物的关系，都在缓慢地发酵、永恒地生灭。时间，物的世界里万能的推动者，穿透风、石头和尘土。

这不是一般的作家能写出来的。在如今充斥视野的模式套路化文案中——为了讲清楚一件事情，甚至连词语和段落的起承转合都只能靠“此外”“作为”“最好的……没有之一”这类词语来连接的乏味语言中——苏娅的文字如此清灵干净，富有纵深感，也可以说空间与动静是跳跃交织的，再加上短句居多的吞吐气息和节奏感，这本书并不适合快餐式阅读的眼睛，而让人必须带着静心和思考才能进入、极其缓慢地体味。

上条辽太郎在田里劳作

要达到这样的感知力和语言能力，需要依凭苏娅的阅读涉猎、她本身的经历和生活。在苏娅家的小院和田地里，她时常和自己亲手种植的花草触碰；她家的露台可以看见远处苍山的云雾，也许她常站在那里注视自己和周围；考出驾照后，我可以想象她常开着车出去更远的地方与像六那样的朋友见面交谈。她曾说，她对外物的观察会有两种情况，一种是眼睛直接观看到的景物，有真实的色彩、形状、线条和动态，另一种是可以闭上眼“看见”的，是流动的气雾般的、抽象画般的、梦幻几何的，甚至是爆炸性的，不一定有逻辑支撑，她会把这两种情状交织在一起写。在她笔下，真与幻，都是自然流露的。

（二）返乡与自己选择的生活

在我着力欣赏的苏娅的文字中，六的故事慢慢浮现了出来。据说《六》出版后，有更多人想方设法去认识六，希望跟他学习自然农法，找他“合作”酿酒做味噌，大多带有商业诉求，让六不堪其扰。几场读书会上，我看到大多数读者显然都对六的生活方式更感兴趣，尤其会有“六这样的农耕生活，真的能养活他这一家子人吗”的疑问。他逆主流价值观的生活方式，过上的令疲惫不堪的都市人向往的田园生活，是人们都在寻找而不得的“自由”。

我不知道这算不算自由。我也不想赘述六的人生经历，虽然苏娅是围绕六的生活而写就了这本书，但她是一个注视者，朋友般的进入者，从她的记录中，我们看不见推崇和解释，她只是展现。对于我这个读者来说，我希望和苏娅站在同样的落脚点，观察和体会六的生活及他的思想实践中可贵的东西、对自己有启发的东西，反思自己，打开自己。

我相信六也不会觉得自己有多么“自由”。他游荡过，只不过他一边游荡，也一边在学习，用双手做活养活自己，没有停歇实践自己一直热爱的做音乐和从小熟知的自然农法，并一直持续。从这本书的第二部分六自己的讲述中，他踏实而素朴地表达了他对这个世界万物——自然的恩惠、种子、季节、稻米、蔬菜、酒、人的天性、孩子等的认知，尤其是对自己的认知——想清楚了，就成家生子，他能负担起养育家庭的责任的方法，就是顺应大自然的流势，依靠耕作获得足够的生活条件。我们大多数人认为的成功标准，钻营的赚钱门道，或者所谓的降低消费追求环保追求修身养性，似乎都不在他的意识里面。在他的生活中，没有什么必须按部就班遵守的条规，他打破了这些，因此他有太多可能性。再过几年，也许他会离开大理，投身于另一片土地，谁知道呢。

不过，六显然是一个非常有趣的人。苏娅说，如果六只是一个在田地里辛苦劳作的人，她不认为有什么值得去写的，但一个有趣的人，就不一样了。

而我所关注的，是苏娅写作这本书，用了这样精彩的语言和洞察力，一定与她和六的交往，她自己的生活与六的生活的某种呼应极有关系。她为什么能写出上文那些我大段引用的字句？

在我和苏娅同为一家报社的记者与编辑时期，我印象中她的文字语言多是厚重的，许多长句，各种意象交叠，广泛阅读带来的思想纠结在文章中，可以说读起来有些艰涩。朋友戏说，如果人们说一个人很文艺，那苏娅“简直就是一个很文学的人”。她有极为精确的记忆能力，常在面对一片陌生的风景时，突然背出一部书中的句子来，就像我们走在布拉格瓦茨拉夫广场，她那些脱口而出的卡夫卡、米兰·昆德拉或赫拉巴尔的文字。生活中她叙说起一件平淡无奇的琐事，也常会蹦出妙趣横生的书面化比喻。毫不夸张地说，我曾试想记录下那些她平时的言语，因为我和她一样，都是极其欣赏语言本身美感的人。在与六的交谈中，她显然也获得了许多乐趣，就像她因为六把中文讲出了自己的风格、说出“她性格中的力气很大”这样的句子而觉得欣喜。

翻开《六》，我诧异地发现，这平静舒缓的文字，应该是苏娅写得最好的一次，那么天然，几乎不费力气，必须是一个身心平衡、生活明朗的人才能写就的。

几年前，苏娅辞去工作，回到故乡，在大理置办了一所大房子，刚装修好住进去没多久，我成了她的新家的第一位住客。我看着她和先生打理小院，酿酒冲茶做面包，白天她带着我沿着洱海骑车经过一个个村庄，看云看林，晚上我们在田地上看星空，她笑说：“要找星座吗？你现在头顶上是整星座。”……我当时的心情，和所有在城市大机器中喘息的人一样，度假一般放松，觉得苏娅的“退休”生活真好啊，神仙一样的生活啊，可是在送走我的那一刻，从苏娅濡湿的眼睛里，我可以看到一个远离喧嚣城市骤然隐入无所事事状态下的人的彷徨，非常真实的困惑和不确定。

苏娅认识了六，和六的一家人开始来往，具体是怎么开始的，我并不知情，但我相信所有的适应和改变都会在时间的浸泡下变得清晰和从容。去年因为几次工作，我和苏娅在异地碰了几次面，她零星地谈起了六，说自己要和六进行一些“谈话”，每次只谈一个主题，有时候是关于种子，有时候是关于土壤，因为太有意思了，所以她要记录下来。又有一次，工作过后连着假期，我问苏娅要不要多停留些日子一起旅行，她拒绝了，说自己要赶回大理去和朋友“做味噌”，这件事似乎非常重要。那个台风肆虐的南方海边的夜晚，我看着她收拾行李，带着很确定、很轻快的神情，有什么东西在她脸上逐渐变亮。那时候我还不知道——或许苏娅自己也不知道，《六》这本书，其实已经在向我们走来的路上了。

六选择了自己的生活，苏娅也是。他们在大理相遇，串门，偶尔一起劳作，互赠食物，在篝火边吹奏乐器和聆听。六的故事和苏娅的敏锐融合成了这样一本无法定义的书籍，一本他们俩作为异乡人和返乡人一起在大理“成长”到一定时候、内心和头脑都处于一定透彻平衡状态下才能编织成形的书籍。

我非常感谢六，因为也许是他的出现才促使苏娅成为一个自信的作家，我们才得以欣赏到苏娅以后的更多作品。赵松说的一句话我印象极深：“语言的方式和状态，决定了一个作者能否存在，而相对来说，写什么其实并不重要。”

我其实已经知道苏娅的下一部书会写什么了。另一个全然不同的故事。从知道的那一刻开始，我已经兴奋着了。

（本文图片由《六》作者苏娅提供）

卷五　读影

是枝裕和的「家族」映画。下

「民间记忆计划」影像笔记。二

任知

吴文光

是枝裕和的「家族」映画。下

任知

人文导演的精神传承

20世纪80年代末，是枝偶然看到了侯孝贤的作品《童年往事》《恋恋风尘》。大概是父亲青春时代“故乡”的缘故吧，影片描绘的早期台湾社会朴质美好的景况，与父亲讲述的记忆重合，使他深受触动，萌发了要拍这类电影的愿望。1993年，侯孝贤执导的《戏梦人生》在日本上映，是枝拍摄了纪录片《当电影映照时代：侯孝贤和杨德昌》，因而有机会去台湾拜访两位台湾导演。是枝曾感叹说，如果没有通过电影认识侯孝贤的话，他可能都不会成为一个电影导演。他还说，“在电影的路上，侯孝贤有如我另一个父亲般的存在”。

是枝刚拍摄完《幻之光》，给侯孝贤看，侯点评道：“摄像机摆放在哪里，是在现场看了演员的表演之后才能决定的，而不是在进入现场之前就决定好的。”拍摄之前就全部把摄制脚本确定好，会不可避免地束缚导演的自由发挥。此后，是枝改变了思路，在接下来的作品里尽量避免在拍摄前做分镜头剧本。在《下一站，天国》和《距离》拍摄之前，甚至没有完整的剧本。拍《无人知晓》的时候，尽管前期策划了剧本、台词，但他没有让小演员们看剧本演，一切反应都是现场指导。拍摄《空气人偶》的时候，他与侯孝贤的御用摄影师李屏宾合作，李屏宾同样强调不要在拍摄前就决定机位，首先要好好注意演员的一举一动。在拍《奇迹》的时候，尤其拍摄前，他会鼓励孩子们畅所欲言，影片里大量的台词和行为是孩子们自己想出来的。演员自身的感情同样是电影的一部分，导演给到每个演员的角色定位、大体剧情走向和具体台词都是在排练中由演员自己决定的，在现场拍摄中往往能创造出截然不同的情境。

是枝裕和在影迷眼里已成为“日式”电影风格的代表，不少影评人和影迷把他说成小津安二郎的接班人，可在他最喜欢的10部电影的名单里，却没有出现一部小津的作品，而成濑巳喜男的《浮云》（1955）却列在首位。

第二名为法国导演雅克·德米的《瑟堡的雨伞》（1964），第三名是意大利著名导演费里尼的《卡比利亚之夜》（1957），接着依次为希腊导演安哲罗普洛斯的《雾中风景》（1988）、肯尼思·布拉纳的《科学怪人》（1994）、美国导演戴维·洛厄尔·里奇的《秋霜花落泪》（1966）、韩国导演李沧东的《密阳》（2007）、侯孝贤的《恋恋风尘》（1987）、英国导演肯·洛奇的《小孩与鹰 》（1969）、罗伯特·布列松的《钱》（1983）。

在这份名单里，是枝对于成濑巳喜男、侯孝贤、肯·洛奇等前辈的青睐显而易见。拍摄《无人知晓》时，他对如何拍孩子毫无头绪，便找出肯·洛奇儿童题材的现实主义佳作《小孩与鹰》做参考。肯·洛奇在访谈里讲：当时他培养完小孩和鹰的感情之后，做了个逼真的鹰模型，把它扔进垃圾桶里，告知小孩说鹰被他哥哥弄死了；小孩看到垃圾桶里的鹰非常生气，拎着鹰的“尸体”跑去找他哥哥，而这一切都被摄像机真实记录下来。这种拍摄方式对是枝启发很大。

是枝作为导演，不断规避评价者用“日本电影”格局看待他。对于小津和成濑的作品，他是在拍摄《步履不停》时才意识到去观看。他喜欢成濑用细腻而哀戚的笔触叙事，人与事，花开花落，从光鲜到颓败注入的一丝丝宿命般的无奈，所以他会推崇《浮云》《稻妻》这类电影。对于成濑的拍摄方式他也颇为赞赏，尤其是利用房间的布局和空间内人物的移动，来解析家庭人员之间的关系，他从成濑那里学来了这些技巧。成濑以平凡人物为视角，尤其对女性命运颇多关注，他规避大型叙事，通过家庭内部人与人微妙的生存境遇，折射外部世界的变化对于个体的戕害。成濑镜头下的家庭具有写实意味，是用来探讨社会问题的。他所呈现的家庭问题重重，麻烦不断。女性之悲、人性之恶，是他描写的核心，他有意借此表述对社会不公的看法，以影像来干预社会。

是枝的视听语言颇得成濑真传，其自然简朴的拍摄方式和对空间的把握在《步履不停》中得到充分展现。这部影片的主要场景固定在家宅中，却要表现横山家10年来人和事的细微变化。导演对空间与角色都倾注了深情，叙事节奏舒缓有致，令影片回味悠长，感人至深。他力求角色平均分配，也不表达对社会问题的看法。“成濑对人性的认知更为黑暗”，是枝则对人性刻画得生动有趣，去掉主观对“善恶”与“是非”的定论，而是当作人的“性格缺点”处理。良多的父亲是名退休医生，不善表达，是标准的传统家庭严父形象。母亲对儿女热络，与孩子关系亲密，一生为家操劳，其性格中也有固执、偏狭、自私的一面。良多的姐姐千奈美是个家庭主妇，姐夫脾气好，工作能力不济，被看作“无用”的人，但他会开车，善于处理家里的大事小情。良多本人是名油画修复师，由于经济不景气而失业。由香里与良多再婚不久，初次见良多父母，内心有些不安。

导演将横山家的空间分割为室外、厨房、客厅、浴室、父亲办公室几部分，主要活动发生在客厅和厨房，仅通过在一起吃饭话家常，就厘清了家人之间的关系。良多问起浴缸的扶手，母亲说起去年父亲在厕所摔倒的事，这说明两位老人无人照料。姐姐千奈美想和他们一起居住，母亲却想把房子留给儿子，故意不表态。良多聊到厕所脱落的瓷砖，姐夫答应帮忙维修。姐夫拿出汽车手册，向良多推销汽车，良多婉拒说在东京不需要，母亲道出希望儿子良多载她购物的愿望。良多跟父亲聊起修复油画的工作，姐姐搭言这工作是油画医生，良多因没有子承父业做医生，对此话题颇为介怀。由香里喝酒，母亲想到了长子良平的妻子也喜欢喝酒，良平因救人去世，她再嫁，感叹良平夫妇没留下孩子。父亲说寡妇带孩子不容易再婚，这让带着孩子再嫁的由香里窘迫不堪。良多与父亲谈起自己修复的一幅画，父亲打断他，问他这工作能否将自己养活。父子谈话间就看出二人有隔阂，良多虽记挂着父亲，却对他心怀不满。在整个家庭中，母亲是条纽带，幽默风趣的姐姐是润滑剂，孩子们的跑动和嬉戏渲染着生活气息，也凸显了父子独处的尴尬。

这部作品充满私人化风格，叙事时间与真实生活时间保持了大致的平行，徐徐推进，娓娓道来，一如生活时间的悄然流逝。全片角色均匀，每位家人都得到书写。故事的叙述通过家人的讲述与回忆展开，并通过照片、电视新闻和隐喻物等细节得以充实。这种生活流技法，令镜头里的场景分外鲜活，甚至被赋予了些许诗意。

叙事表层看似波澜不惊，内里感情实则暗流汹涌。导演巧妙地寓戏剧性于深层，人物个性与剧情张力依靠的是细节的叠加。比如电影开始，大姐千奈美说要父亲去买东西，母亲说父亲不想邻居看到他提购物袋，因为他还想大家叫他医生——一个可爱的老顽固形象呼之欲出。良多抱怨母亲粗鲁地把米饭盖在鳗鱼上，父亲揶揄母亲从来都不是优雅的人，回忆起她听歌剧睡着的事，父母两人争执起来。由香里跟父亲聊起音乐的话题，母亲说父亲曾喜欢唱歌，她有一首值得留念的歌，随后起身去阁楼拿唱片。良多去隔壁放唱片，母亲随着音乐歌唱。那首歌其实是父亲和其他女人唱的民谣，母亲早就知道父亲年轻时出轨的事。他当时买回家自己偷偷听，为了维护家庭的和睦完整，母亲不愿说出来，如今揭开了尘封已久的秘密，父亲面对妻子与儿女颜面尽失。

影片的开始，母亲和女儿在厨房忙碌着准备饭菜。导演放大了洗菜、削萝卜皮、锅里滚沸等细节的音响效果，观众切实感受着生活的气息。“天妇罗”这道小吃，每年的家庭聚会母亲都会做，具有抽象表意功能。良多负责剥玉米，姐姐拌面粉，母亲油炸食材，连少言寡语的父亲也参与进来，天妇罗承载了一家人多年的记忆，象征着一家人的团聚，同时它也是已逝长子良平爱吃的食物。在他的祭日制作天妇罗，有纪念的意味，也表现出母亲从未走出丧子的阴影。

人生路上步履不停，为何总是慢一拍。良多离开家坐上巴士，才想起相扑运动员的名字；父母去山上散步，母亲也想起来了。次日，年迈的父母送走儿子良多一家，父亲安慰母亲他们过年还会回来，表现出老人年龄越大越希望多和儿女相聚的心理。路上，良多与由香里谈论一家人的聚会，感叹身心疲累，他们计划好过年不再留宿父母家，间接表现出父母与子女对家庭的理解不同。三年后父亲去世，他没有陪父亲看过一场足球赛。母亲一直和父亲吵架，直到他死去，但她很快也随他而去。良多从没有开车载过她。“树欲静而风不止，子欲养而亲不待。”最后，良多听从母亲的话生了孩子，还带着孩子去给爷爷奶奶扫墓，给他讲母亲讲过的“蝴蝶”的故事。这个意味深长的结尾，令人心伤。

美籍韩裔影评人郭共达如此评价：“大家喜欢拿是枝裕和与小津比，是因看完两人电影后有相似的余味，对生活有更深的感悟。日常生活如同豆腐一样（小津自喻豆腐职人），味道和其他美味佳肴相比，显得有些乏味。可一旦我们遇到某位厨艺大师，能够将豆腐微妙的口感发挥得淋漓尽致，那将会永远改变我们对豆腐的看法。”

在《步履不停》里，固定的长镜头、不断切换的空间、形式感的构图、缓慢的叙事节奏，这些拍摄手法令怀旧的观众找回小津影片中“家”的温情。影片里的房间摆设虽现代，但依然是和式房间，观众将这部片子当作向小津家庭伦理电影致敬，也并无大错。当然侯孝贤的电影也会令人想起小津。这三位导演虽然题材有交叉点，也有学习借鉴的关系，然而深入分析后，三者执导风格、审美旨趣、意涵指向截然不同。

小津影片讲究精准的构图，室内陈设和人物动作一丝不苟地设计，因为固守自己的美学原则，不惜牺牲掉部分现实，不可避免地显得刻意和平面化；侯孝贤令人物和情境合一，讲究真实细节状态，给观众抽身观察的空间；是枝则介于两者之间，他运用自己的方式模糊剧情与记录的界限，人情与世事置于灵动松散的状态，靠人物语言动作和情境变化推动情节发展，去戏剧化冲突，却将日常琐屑的悲喜，化为“现实的光影之诗”。

无疑在影像风格上，是枝更接近于侯孝贤，像大全景、远景、长镜头、面部特写的综合运用。不同的是，侯孝贤粗粝醇厚，是枝细腻柔和；侯孝贤追求真实，非表演性，是枝则略微在意人物性格与对白的设置，有纪录片观感，同时人物具有一定的表演性。

小津安二郎主题重复，终其一生都在用光影构筑一个理想化的“家”，孜孜不倦地探讨传统“家庭”的崩坏；纵使一茶一饭、人情冷暖，都被他描摹得栩栩如生。但这个“家”，本质上是他艺术理念的倒影。相形之下，侯孝贤镜头下的“家”保持着沙砾般粗糙而原始的质感，是作为历史背景的看板，追述自己“童年回忆”“家国情怀”的道具。他通过家庭和个体的悲欢来折射社会变迁，具有史诗意味。是枝对“观念电影”天然抗拒，他拍摄《步履不停》的目的是要表达对亡母的怀念，用自己的方式修复完善他个人关于父母和家庭关系的记忆。其后的“家庭电影”展现的都是家庭本来的面貌，家庭每个成员真实的状态、血缘和亲情的关系、亲人聚散的现实与记忆、他们性格中的斑驳陆离等都毫不掩饰地呈现。他对“家”不做道德理想的投射，也不想用它唤起外部社会的回响，其电影中的家庭样本是随机的，没有可以指向的传统，他展现的是“家族”崩坏的后遗症，及如何自愈的过程。他将个人命运、社会背景、历史语境剥离出去，就算是早期反映社会问题的作品，也是解决个体的自我救赎。他不厌其烦地展示生命的状态，从不愿探究任何事件发生的诱因，而是把这些问题抛给善于思考的观众。

日本家庭制度的变迁

近代明治的“家”是以天皇制的国家为基础，以旧武士的“家”为模式再编制而成的，强调君与臣、父与子、家长与嫡子的地位阶级的父权家族制度。家是以家庭的存续和发展为目的、以家业和家事不可分割的形式继续完成的经营团体。祖先崇拜是家族生活的重要内容，以自家佛坛和神龛为中心举行祭祀，通过朝夕礼拜来培养家族成员的敬祖之心。日语中所说“家族”（かぞく）既可以指家人，也可以指家庭。“家”是由家长及他的家庭（含家臣、用人）组成的居住、财产单位。“家”一旦建立，其自身便作为不可分割的社会单位存在，是以家业为核心的经营体。血缘关系并不是构成家的唯一纽带，由配偶关系和血缘关系结成的家仅仅是家业的载体而已。概言之，日本的“家”是个经营体的概念，它可以是养子（婿养子）和亲族以外的人，也会接收非血缘关系的非亲族（用人等）作为“家”的成员，而且养子在分家产、家业的继承方面同样享有权利。

传统上日本“いえ”（家）的概念及实态，常混同于“家庭”，但实际上家庭和“家”并非一回事。“家”的成员构成家庭，但“家”的成员之间不一定都有血缘关系，如“家里人”不仅仅是妻子，同居的双亲、兄弟姐妹、雇用的人也被包含在其中。在日语中有“本家（ほんけ）”一词，指的是“正支、正宗、嫡系”的家庭，也就是长子的家，继承家业的人的家。与之相对应的是“分家（ぶんけ）”，是指由长子之外的儿子在本家之外建立的分支家庭，因为一般由长子继承本家。同时，日本的分家也含有非血缘的成分，如养子建立的分家。本家和分家的关系不对等，是一种主从关系。分家没有土地继承权，他要立足于土地而生活，往往由本家提供，分家的经营需要依托于本家。这种制度类似武士社会的家督继承制，即在数个子女当中，只能由一个人继承家长权、家业与家产的大部或全部，还要继承牌位、墓地等。虽说家督的本意是指长子，但日本的家督却不唯长子，有可能是次子，也可能是养子、婿养子。在这种制度下，通过牺牲兄弟姐妹的利益，建立起一种单一的、纵式延续的家族序列。

在这种家庭制度下，个体对于“家”的反抗，就等于对国家和社会规则的反抗。小家庭要服从大家族，个体要服从家庭，否则无法在家族立足。1945年日本投降后，家国思想的集权制度崩溃，废除了户主制度和长子继承制度，夫妇、亲子、兄弟姊妹以平等的原则继承。与此相伴随的“家的财产等于家产”的观念消失，所有的财产是属于个人的私有财产，按照法律面前人人平等的原则，其分配对于所有的子女是平等的，从而确立了平均继承的制度。虽然如此，传统的价值观转换为强调集体主义为核心，个体生存依赖于集体的相互扶植，父亲在家庭中拥有绝对权威，重视亲情的观念依然深厚，个人利益需要服从于集体和家庭的利益。实际上平均继承并未完全实现，而是按照父母的意愿优先分给长子，在父母年迈的时候，这个继承人自然而然地就应该赡养父母。实际上，抚养和照料父母的责任都将落在长子身上。

20世纪60年代前后，大型住宅区“团地”（一种政府修建的廉价公共住宅楼，住户经济情况一般偏中下）的出现形成了一种新的、由核心家庭（夫妻或三口之家）组成的集合。本来想基于住户间的横向联系，意在培育西欧式的市民连带意识，然而事与愿违，由于生活形态的雷同，人们对邻居的生活丧失兴趣。团地设施脱离了日本传统城乡结构，没有形成新的组织与集体生活，在钢筋水泥的密闭空间里，保护了隐私，同时也造成与外界的隔离。

由于时代的高速发展，城市化、现代化加剧，以父子为轴心的家庭关系，转向以夫妻关系为核心，女性在社会中的地位权利得到提升，传统父权家庭体系分崩离析。当代日本由于城市生活成本的递增，职场工作压力越来越大，同时随着社会保障制度的完善，人们越来越追求个人享乐及独立，结婚率下降，离婚率和失业率攀升，出现了老龄化、少子化的社会痼疾。

年轻人独身、不婚不育，父母与子女分居各地，家庭关系变得淡漠，家庭类型模式越发复杂多样。除了上述的核心家庭，还出现了单亲家庭、离婚家庭、重组家庭、单身独居家庭等。

是枝“家族映画”特质

是枝裕和以善拍家族（家庭）题材著称，充满人文情怀的细腻平实是他的标志。他的作品不能一概而论，以《步履不停》为临界，他在1995年到2008年的电影创作，“家庭”主题并不明显，“家”这个概念只是作为背景出现，像《幻之光》《下一站，天国》《距离》，这些作品都围绕孤独、死亡、记忆、认知等母题展开，人物被寻求生路和设法幸存等问题苦苦纠缠，导演试图以一种隔离的姿态来探触人的境遇、人的命运。《无人知晓》虽然拍摄的是都市中被人忽略的“孩子家庭”，但作品指向的是社会与血亲父母的责任。是枝家庭电影最典型的是《步履不停》，随后一系列的作品应运而生，像《奇迹》、《如父如子》、《海街日记》和《比海更深》，直到最新获奖的《小偷家族》，一步步将他推到大师的位置。

是枝电影中的家庭类型可谓丰富多样，展现出异彩纷呈的情态。像《幻之光》中的重组家庭，丧夫的由美子再嫁，与渔民民雄组成新的家庭。《无人知晓》里是父母缺位的“孩子家庭”。《步履不停》描绘的是一个典型的当代大家庭，良多一家是再婚重组的家庭，千奈美一家是典型的核心家庭，年老的父母在老家，成婚的子女各自建立自己的小家，父母与儿女极少见面，只有纪念日和过节才会齐聚一堂。《奇迹》中的兄弟因为父母离异天各一方，哥哥航一随母回到位于鹿儿岛的外婆家，弟弟龙之介则和追寻音乐梦想的“废柴”父亲在福冈居住。《如父如子》是两个核心家庭，由于抱错孩子，产生纠葛，导演对贫富不同的家庭进行对比，对父子关系进行深入探讨：是朝夕相处的感情珍贵，还是血脉相连的羁绊重要。《海街日记》是个缺失和重构的家庭，描写在镰仓生活的香田家三姐妹，她们的父亲早年和情人离家出走，母亲将女儿们抛给了外婆照顾，外婆去世后，外孙女们继承了这座历史悠久的家宅，大姐香田幸担负起家庭重任，竭力照顾着两个妹妹佳乃、千佳。数年后父亲去世，三姐妹将同父异母的妹妹铃接过来，在外人看来明明是不幸的家庭，却在大姐的带领下，四姐妹把日子过得风生水起……

是枝裕和的家庭电影往往建立在某种情感的缺失上，生活中的“失意者”比比皆是。《步履不停》中父子关系疏远，继承父亲医生职业的长子意外身亡，次子的油画修复事业并不顺遂；《奇迹》中热衷音乐梦想的“废柴”父亲与母亲的离异导致兄弟分居，却也让两个孩子身心得到成长，他们最终明白了家人不可能永远在一起，但亲情是永远的牵绊；《比海更深》的主人公良多活脱脱一个中年“废柴”男形象，他一心想做职业作家却无法写出新的力作，美其名曰“积累素材”去做私家侦探，赚的钱却都贡献给了博彩，不修边幅的他在母亲家偷吃食物，翻箱倒柜找父亲留下的“雪舟的画轴”想拿去当钱。

“孩童影像”在是枝的创作中不断建构出现。他的影片几乎都会有“儿童”角色：《步履不停》中由香里的儿子史淳和良多大姐千奈美的孩子；《如父如子》中野野宫良多和斋木雄大两家的孩子；《比海更深》中离婚夫妇良多和响子的儿子真吾；导演还为《第三度嫌疑人》的厂长、凶手和律师设置了女儿的角色，用来处理父女之间的种种问题；《小偷家族》中信代的儿子祥太和被收养（拐骗）的小女孩友里。这些角色不单起到润滑剂的作用，还能反映家庭的关系，烘托家庭氛围，推动剧情发展，展现自身的成长，反衬失责的大人，甚至作为完美的化身，以超出同龄人的成熟，忧心他们的处境。

是枝的家庭电影中，食物连接家庭的凝聚力，是必不可少的元素。跟亲人有关的物什，以及颇具仪式感的祭祀、葬礼、聚会、留念，甚至幻象，都有丰富的隐喻。《海街日记》中奶奶酿的梅子酒，《比海更深》中已经辞世的老父亲最爱吃的咖喱酱，都有机串起影片中家庭成员的关系与传承。在《海街日记》里，导演安排了两次葬礼，从姐妹们父亲的葬礼，到结尾海猫餐厅老板娘二宫女士的葬礼，中间还有外婆去世七周年的法事。死，可以是生者记忆的梦魇，生者与死者之间的情感牵绊，人终究要面对残酷的现实，克制隐忍地走向未来，淡然面对生死。如果不能直面死的话，也不可能平等对待生。死在客观程度上始终必然，所谓万物皆空。仪式感也可看作美与禅意的表现。

《比海更深》可谓《步履不停》的姊妹篇，两部影片的母亲都由树木希林扮演，儿子的扮演者则均为阿部宽，两部影片产生互动效应。如果说

《步履不停》表达的是子女来不及孝敬父母的愧疚之情，那么《比海更深》则饱含了子女对父母深深的爱意。两部影片都投射了导演的个人经历。导演想通过前片悼念过世不久的母亲，后片拍摄地是导演生活了将近20年的公共廉租房“团地”（属东京市，但离埼玉县更近），导演的父母一直到去世都住在那里。《步履不停》中有个镜头，“有只飞进客厅的蝴蝶”，不知是否是母亲过于想念的幻觉，像是已逝长子的化身飞回她的身边；影片结尾良多一家到陵园为父母扫墓，他模仿母亲在墓碑上浇水，在离开陵园的途中再次看到翩然而飞的蝴蝶，他把母亲当年说的菜粉蝶过冬变成黄蝴蝶的故事，不知不觉讲给女儿听。《比海更深》中，母亲和儿子在小区走着，她说：“前段时间走在这路上，蝴蝶就一直跟在我后面，我就想那是孩子他爸。”这说明她虽然一直对丈夫颇有微词，内心却对逝去的他念念不忘。

最新的《小偷家族》是部充满人文关怀，令观众笑着心碎的佳作。前90分钟温馨与伤怀并存，最后30分钟撕开了“现实”的伤疤，告知观众残酷的真相。这部影片的悬疑气息，让人想到《第三度嫌疑人》；试图引入社会的干预与评价，让人想到《无人知晓》；父子相处的场面立即让人想到《如父如子》；一家人走在坂道上的远景类似《步履不停》和《比海更深》；而一家人从海边嬉戏归来后，在同一屋檐下的场景在《海街日记》和《步履不停》中也出现过。

是枝创作《小偷家族》的灵感，据说来自一则有关养老金欺诈的新闻。里面说，这个小偷家族偷的物品有钓竿，而钓鱼是他们的业余爱好。这让是枝感到千疮百孔的生活中也会有美好的瞬间。他奇妙地将社会固化、阶层分化、低薪引发的盗窃犯罪、家庭虐待、老龄化社会衍生的问题熔于一炉，集中展现。有些日本观众对此发出批评，说他“靠贩卖本国负面国情获得西方认可，其行为无异于卖国”。我想这些人一定知道今年3月在东京目黑区的小公寓里发生的“船户结爱虐死案”，如果他们看到年仅5岁的孩子给父母的留言，就不会想着要粉饰太平了。电影里被虐待的女孩进入这个破碎的家庭，安稳地度过冬天，而现实中，小女孩结爱不堪重负得病，她狠心的父母害怕恶行暴露，不让女儿就医，使小女孩死于败血症。面对这样的事实，稍有良心的人都会心痛。

村上春树曾说过，“作为小说家我是这么想的，哪个物语不是从消极地方产生的？物语所表现的真正的阴影和深度几乎全都是消极的。关键在于，在哪里把它和世界整体性协调起来。为此无论如何都需要平衡感。”是枝裕和就是这样一位从消极出发且在出发后有着良好平衡感并生发出力量感的导演，他既能刻画个体人性的善，又能冷静审视社会之恶，既温情又冷酷，既琐屑又简练。

《小偷家族》反映的日本社会问题

在东京下町林立的高楼大厦之间，残存着一个破旧平房。年迈的老妪柴田初枝（树木希林 饰）靠骗取死去老伴的养老金生活。“爸爸”治（中川雅也 饰）在工地工作，“妈妈”信代（安藤樱 饰）是熨衣女工，夫妇手头不宽裕时便去“顺手牵羊”补贴家用。“小姑”亚纪（松冈茉优 饰）从事风俗业，在双向镜后为孤独的男人手淫。男孩祥太（城桧吏 饰）是个捡来的孩子，偶尔帮忙小偷小摸。小女孩友里（佐佐木美雪 饰）在寒冷的街上被发现，自然融入了“小偷家族”，她身上留有父母虐待过的伤痕。此后，祥太和友里在治的带领下合伙作案，一个守一个盗，足迹遍布各个店铺。

这个毫无血缘关系的“小偷家族”是建立在“互利互惠”原则上的。治和信代收养孩子是出于没有子女的补偿，赡养老妪是觊觎她的退休金；“小姑”亚纪对家庭和老妪的眷恋，源于对亲生父母的怨恨；老妪收留大家，是惧怕自己孤独地死去。

老妪离世后，其他家庭成员没有大恸，冷静地整理遗物，将她埋在池塘边的土里，“这样就能和大家一直在一起了，也不会孤单”。治和信代取出银行的积蓄，拿出罐子里的私房钱，感慨“生活宽裕了许多”。对于在底层挣扎的家庭来说，他们没有时间停驻，生活必须奔波，在“向死而生”的路途上稳步推进。

祥太由于厌倦了“顺手牵羊”的小偷生活，从桥下跌落摔伤，东窗事发，自此影片急转直下，貌似温馨的家庭，种种不为人知的秘密逐一揭开，每个人（社会）的不堪暴露在人们面前。

日本目前仍存在三大贫民窟，分别是位于东京足立区的“山谷”地区，位于横滨的寿町，以及位于大阪的“爱邻”地区（当地居民以旧地名“釜ヶ崎”称呼）。影片的发生地在荒川区或足立区一带，在都电荒川线沿路、多摩川河岸会发现破败不堪的建筑，有些近似于“棚户区”，这类地方人口稠密，居民收入低，有大量流浪汉、无家可归者、“生活保护受给者”聚集，与周边邻接地区差异明显，治安状况、医疗状况和其他硬件设施为日本最差。

寿町和爱邻地区与前者略微不同，它们被称为“宿民街”“工人镇”，是因为日本高速发展时期对建筑工人的需求而存在的。这些底层劳动者承接工期短暂的小工程，生存难以自保，住在简易旅馆里，或者随便找个地方划地而居，甚至露宿街头。住在这里的还有被大公司裁员、在子女家庭被视为累赘而离家出走的老人。由于“失去的二十年”经济低迷，派遣员工和日雇劳动者大量出现，他们在医疗和社会福利方面得不到应有的保障。

生活贫困人群可以主动向区役所申请“低收入者纳税免除”，全部或部分丧失劳动能力的残障者，可以向政府申请支付生活保障金。申请了“生活保障”，打工、就职、买彩票等收益行为就会被禁止，如果被发现从事上述活动，保障金就会被取消，并且被禁止再次申领。底层人群通常让家里不具备劳动能力者去申领，其他人则偷偷打零工；一些流浪者则一边租住房屋申请生活保障，一边去打黑工或捡废品赚取生活收入。

日本社会有福利“老人年金”。有些无能力的后代会“啃老”，而老人一旦过世，必须向户籍所在地申报死亡，老人年金就被取消，后人生活立即陷入窘境，所以他们往往隐瞒了老人离世的消息，私下处理掉老人的尸体，为了生存，继续冒领年金。影片中，老妪柴田初枝就是领着死去丈夫的6万日元老人年金。 由于老人年金是一家的重要收入，所以当初枝去世，柴田夫妇选择将其悄悄埋在后院，想将之死亡的消息隐瞒，继续领取老人年金。

“小姑”亚纪从事的工作，隐约揭示了JK经济隐藏的社会问题。所谓“JK”，即joshi-kosei（女子高中生），以女高中生的形象来赚钱。JK产业庞杂而多元，如偶像团体、卡通动画、拥有物、接触机会，以女高中生为主题的咖啡馆陪聊、模仿约会、一起吃饭等。影片中的客人躺在亚纪的腿上休息，也是服务项目之一。

JK行业虽表象不一，大多不涉及“性”，但它会带来一系列不良影响，包括物化女生和为性交易提供渠道。

偷盗对于他们来说是亲情的羁绊

在《小偷家族》中，家庭的亲情疏离非常严重。是枝导演在原著中交代了老妪柴田初枝是有儿子和儿媳的，由于婆媳关系恶劣，儿媳曾经多次将初枝赶出家门，后来儿子儿媳搬走，与她断绝关系。初枝在年轻时就曾遭丈夫抛弃，丈夫再婚后又娶妻生子，年老后她又被儿子儿媳抛弃。电影中“治”和“信代”与老妪的儿子儿媳名字相同，其实是她收留的一对走投无路的中年情侣。治本名叫祥太，信代原本叫作田边由布子，他们收养的男孩也叫“祥太”，这些都是为了使组合成的家庭有代入的感觉。

信代从前在横滨一家小酒廊工作，婚后她的丈夫在失业后经常对她施暴。治是酒廊的顾客，看到信代的伤，劝导她尽快离婚。可是信代丈夫得悉后，不仅不离婚，反而变本加厉地虐待她。信代与治情投意合，越发亲近，进而幽会。这种关系被信代丈夫发现，起了争执。在撕扯中，治失手杀死了信代的丈夫。信代没有孩子，所以对领养的友里倍加宠爱。当她看到女孩身上的伤痕，也感同身受。

亚纪与“奶奶”初枝并没有血缘关系，她是初枝前夫在抛妻弃子离家后，与新妻子生下的儿子的长女。亚纪的妹妹沙也加在家里受宠，而她在青春期与父母和妹妹一家对抗，在高三时离家出走。初枝每年都会去前夫家吊唁，她不是吊唁前夫，而是吊唁前夫后来的妻子，从前夫儿子（亚纪的父亲）处拿到的3万日元，是前夫家给初枝的“致歉费”。前夫儿子是用这种方式，表达自己的母亲将初枝的丈夫抢走的歉意。最后一次拜访，亚纪的父亲并不知道女儿的情况，谎称她在海外留学，而初枝也没有把亚纪在自己家的情况告知他们，可见亲族疏离的复杂情况。父母已对亚纪漠不关心，而亚纪在“约会俱乐部”的化名是妹妹的真名“沙也加”，是嘲讽，更是一种嫉恨的表现。

男孩祥太是治在汽车里解救出来带走的，女孩友里则遭到了父母的虐待。治虽然带着祥太偷窃，但视其如己出。信代则给友里母亲般的关怀。她告诉小友里，“真正爱你的人是不会伤害你的，而是会像我一样紧紧地抱着你”。在警局，治被问到为什么教孩子偷东西时，他回答：“我只会这些了。”也就是说为了生存，他没有办法。信代听到他们质问“为什么不把友里还给亲生父母”，她反问道：“生下孩子就自然成为母亲吗？”治和信代曾尝试将友里还给她的父母，可走到门外听到友里父亲嚷着“当初就不应该把她生下来！”可见友里的父亲并不在乎她，只是把她当作“麻烦”而已。信代也曾听父母说过类似的话，于是决定在那个寒夜里留下可怜的孩子，所以她坚信“没有索要赎金，应该不算诱拐”。

影片末尾，信代揽下了全部的罪责，是希望治不要牵扯其间。女孩友里却回归原生家庭，持续受着冷漠的家庭暴力，时不时还会画到海边的一家人。祥太被送到专门的儿童福利机构，上学读书，成绩优秀，他依然会背着书包与治一起钓鱼，住在一起团聚。

根据是枝裕和导演所接受的采访，本片原名为《大声喊出来》（声を出して呼んで），然而最终还是选定小说原作《小偷家族》（万引き家族）这个名字。看罢此片，自然会明白“大声喊出来”的蕴意。片中有三个镜头，其一，老妪初枝建议大家到海边玩耍，她大概很清楚自己大限将至，信代、治、亚纪和两个孩子在海边跳起，留下永恒的记忆。初枝独自一人坐在沙滩上，望向“家人”，喃喃自语地向世界告别：“谢谢你们。”其二，治被警察释放后，与祥太相聚，领着他住在临时租住的小屋。临别之际，治依依不舍，在后面追着公交车；祥太偏转头，无声说出了“爸爸”这个没有勇气提及的字眼。其三，友里独自一人在阳台上玩着“数数字”的游戏，然后踮起脚尖，向外张望，留下无尽的怅惘……

初枝被丈夫和儿子儿媳两度抛弃，由于他们5个人的出现，才让她在暮年感受到家庭的温馨，内心得到慰藉，这是她人生最后时段迎来的幸福。其实她在向这个世界告别时，也意识到了这一家人拼命打造的“幸福”终究会幻灭，犹如在那狭小庭院里只闻其声却看不到的花火。

电影中段，治带着脚伤找到躲在废车里的祥太，希望他叫自己一声“爸爸”， 性格倔强的祥太不愿说出。当后来家庭破碎后，治已经羞于自称“爸爸”了，但由于他不断付出“爱”，祥太一直能够接收到，只是难以启齿。自此两人分离，再也回不到原来的“父子”关系，祥太也是用一种无声的方式进行告别。最后一幕，友里独自在家无人陪伴，她向外张望，并不是想看到什么，而是期待像原来一样，治和祥太将她带走，脱离这个冰冷的家庭，回到信代温暖的怀抱。

“小偷家族”偷的是什么？老妪初枝偷养老金，在柏青哥店偷小钢珠；信代在洗衣工厂偷领带夹；治和两个孩子偷日用品和食物；“小偷家族”在超市偷来衣服给刚领养的友里穿上。初枝偷来了亚纪、治和信代；治在停车场偷来了祥太；治和祥太在寒夜的阳台上偷来了友里。这个温馨而又不幸的家庭都是偷来的。

偷东西只是电影的表象，那些物品和食物不过是生存的必需。然而在冷漠的世界，最匮乏的资源是亲情，那种人与人之间心灵的彼此依赖，那种一饭一粥的家庭温暖。正如片名中的“万引”在日语中指“不付钱就将小额商品偷走的行为”，意在强调一旦偷窃有了第一次，就一发不可收拾。而在这个家庭中，“偷”成为维系一个家庭的要件，连接每个成员的纽带，他们偷的不只是填饱肚子的食物，还会偷家庭抛弃的孩子，他们用金钱和爱凝聚在一起，他们偷的是相互陪伴的亲情，偷的是一种能够让灵魂产生幸福错觉的羁绊。

是枝“家庭映画”，与前辈小津、成濑遥相呼应

是枝被誉为“日本电影新浪潮”的代表。身为导演逾20年，从首部电影起，他采用纪实拍摄手法，风格朴质注重内省，习惯探讨死亡终极，从文化背景中挖掘出公共特性的哲理命题。他的映像节奏舒缓平实，叙事极简，靠情感维系单薄的时间线，同时又极力克制情感表达，极度还原人心的真实困境。他喜欢用自然声响，犹如身临其境，可感受到山林岑寂，鸟语啁啾。他细腻刻画人物心路历程，从极端现实中抽象出一种生命意境来。是枝裕和的映画，既能刻画人性的幽微，又能呈现欲望的纤细，同时不乏诗意的镜头美学，难得的是越发从容、恬静，有种举重若轻的达观。

作家沃克·柏西提出“日常是戏剧的敌人”。许多人走进电影院，看个爱情故事或一场奇幻冒险，是出于对日常生活的逃离。越现实越沉闷。看是枝裕和的电影恰恰相反。他的电影余味悠远绵长，非但不会让人精神空虚，反而恢复了对“生活之味”的嗅觉，更好地理解生活本义。这是是枝裕和电影与小津最相似之处。在我看来，他的家庭电影——尤其是从《步履不停》到《小偷家族》，相似的主题却又有截然不同的表达，同样的技巧手法在不同电影里变奏，犹如晚年的小津。其运镜构图驾轻就熟，在市场和口碑上双赢，当然也日趋模式化。小津戏谑地说自己是“豆腐职人”，是枝给自己定位为“电影料理人”，这两个称号在本质上看不出有何不同。

很多人常将是枝与小津做比较，据说是枝也喜欢在工作的间隙，常常回到小津安二郎当年撰写剧本的茅崎馆，筹备下一次的剧本。茅崎馆有个名为“二番”的房间，是小津从1946年至1955年间的定宿之处。小津在那里写过著名的《东京物语》剧本。“二番”是电影人、作家、影迷心中的“圣地”，是小津迷都想去住一住。从构思《步履不停》开始，是枝便常常造访这家位于湘南海岸的旅馆，有时自己去，有时带着全部的工作团队去，他也多次住过“二番”。是枝和小津同样选择了将家庭这个主题一拍到底，也引起了全世界观众的共鸣。

成濑是小津一生的好友，然而当时业内人士对他评价不高。城户四郎厂长说松竹不需要两个小津，吉田喜重认为成濑是小津的伟大的阴影，佐藤忠男认为成濑是穷人版的小津，言下之意就是成濑在模仿小津。日本电影爱好者还知道另外一个掌故，小津欣赏成濑，他曾说过：“有两部影片我拍不出来，一部是沟口的《祇园姐妹》，一部是成濑的《浮云》。”他还受《浮云》影响，混糅了诸如自杀、流产、夫妇分居和满怀怨恨的孩子等成濑元素，拍了《东京暮色》，不过上映后评价不高。现在通览两位导演的作品，就会发现他们风格技法的不同，成濑的评价越来越高，而小津的早期作品则被高估了。某种程度上，是枝裕和承继融合了小津、成濑等前辈大师的庶民路线，在家庭电影方面，他热衷试验创新，以现代人的视觉展示个体的生存环境、生命状态和家庭关系的变迁。考虑到日本电影自20世纪90年代中后期以来日渐衰落的背景，是枝裕和的崛起就显得格外醒目。

「民间记忆计划」影像笔记。二　吴文光

2011：创作第二年

3月回暖，4月见绿。这是北京。3月初，一个个陆续回来，一台台剪辑电脑屏幕亮起，这是草场地，一个工作站。

刚刚过去的这个冬天，是民间记忆计划开始后的第一个冬天，所有参与其中的人继续返回自己的村子，采访老人"三年饥饿"记忆依然是初衷，自己的纪录片拍摄也伴随其间。这个冬天的返村者，除草场地8个驻站者外，还有我在天津美院和中国美院开纪录片课后愿意加入的七八个学生，以及通过来草场地看片、借助工作坊或其他渠道知道这个事后愿意参与的四五个在职者，另外还有从村民影像计划起就一直持续拍摄的三个村民作者（他们本来就在村里，无须返回），人数大概有20人吧，返回的村子分布在山东、湖南、湖北、云南、辽宁、河南、北京等地。

在过去的这个冬天的两个月时间里，这些寻访记忆的人带着摄像机靠近一个个老人，遭遇不同的心理、情绪、反应——有期待已久，有半信半疑，有依然担心、恐惧、拒绝甚至反对……无论怎样，"老故事"如丝如缕被抽出，50年前"饥饿的事情"在不同方言中逐渐苏醒，并且记忆蔓延到"饥饿"之前或之后的全国运动。

敲开历史记忆之门，同时跋涉于幽深晦暗的现实隧道，每个回村者脚下都埋伏着不同的陷阱，看不到前方光亮，孤独，无助，犹疑，惶惑……都是普遍情绪，或挣扎，或停下，或掉头，或重拾信心勇气继续摸索前进……于是"新故事"出现了，而且每个人都因不同经历有了自己的故事。因为"老故事"而带出"新故事"，那些被记录在每个回村者镜头下的影像素材，就是将要构成各自纪录片作品的重要原料。

3月开始，从村子里陆续回到草场地的有：邹雪平、章梦奇、罗兵、唐志、李新民、贾楠楠、文慧，还有天津美院读大四的林涛、读大三的王海安、舒侨三个学生，以及三个村民作者贾之坦、邵玉珍、张焕财，共13人。

冬天播种，春天收割，这是民间记忆计划的创作时间表。

播种是辛苦的。寒冷枯寂的冬天，厚厚的衣服，哈着气，抱着DV，走近老人，种下麻烦泥潭。收割是幸福的。13个从村子记忆和现实交错的泥潭中爬出来的作者，集中在草场地，各自把素材输入硬盘，再次观看。那些镜头下的人物、声音和一桩桩故事，重新集合、发酵、显影，还有创作者自己当时的身体位置、运行轨迹，以及伴随着的情感、思考种种，融合、分解、构成，成为片子的初剪模样，浮出水面。

4月，民间记忆计划2011年第一个纪录片工作坊中，“初剪版本”开始放映、讨论。每个作者的片子“第一剪”亮相，接受拷打。

民间记忆计划工作坊

13个作者中，三个村民作者之前已有数部片子完成，是“老手”了；邹雪平和章梦奇在去年也有自己的第一部片子完成，此次是第二部片子创作；其他8人，都是初次创作纪录片，其中，罗兵是中国美院毕业的第二年，唐志是中国传媒大学毕业的第一年，林涛、王海安、舒侨还是在校生，文慧不属于年轻人，从舞蹈专业第一次转向纪录片创作。两个最特别的是李新民和贾楠楠，一个读到小学五年级，一个“混完”初中；两人都在草场地待了近四年，一个从18岁长到22岁，一个从16岁长到20岁；他们之前和草场地的关系只是厨房打工或剧场技术，属于创作的“服务者”和观望者。民间记忆计划开始后，两人都回村采访和拍摄——一个在云南，一个在河北，现在也开始进入自己的第一个纪录片创作，这可能是他们人生的一个巨大转折。

工作坊进行中，片子初剪版本一个个浮出水面，没有字幕，作者跟随影片同声普通话翻译。之后，大家讨论，谈观感，提问题，给建议，或启发补充，或不同看法争论。在工作坊现场，我喜欢听大家的说法，也会说自己的想法。有的片子说得多，有的说得少，更多没有时间说的话或一些被刺激引发的新想法，我会在当天的邮件组中继续写下来。

以下文字均来自这期间邮件组所写。原稿是现场笔记，偏零散杂乱，编辑时按作者、作品或某个特定话题做了些集中处理。

邹雪平，“家庭反对”成为影片的叙述主线

邹雪平的片子《吃饱的村子》初剪，近两个小时长度，放映完又讨论两个小时，4个小时就这么过去。但值得。最高兴的是，这是邹雪平回村后的第二部片子。草场地这些作者中，邹雪平是最早回村拍摄的，2008年她还在中国美院读大三，选我的纪录片课时，就回村拍摄，对象是她母亲，片名是《娘》。本来只是她的课程作业，她完成了，20分钟，得了个“优”，获得同学好评，但她继续跟进拍摄，当作毕业作品去做，之后有了一个50分钟长度的片子。

2009年邹雪平毕业，选择来草场地驻站。民间记忆计划2010年夏天开始时，她在之前那个冬天已经在村子里开始采访拍摄了，并在2010年末完成了到草场地后的第一部片子《饥饿的村子》，她可以说是民间记忆计划的先行者。之后她再回去村里拍摄，片子自然和上部片子有了某种“故事后续”的关系。

说邹雪平的这部“后续”片子之前，先简述她的上一部片子《饥饿的村子》。片子主要由两部分内容构成，一是15个老人回忆50年前的“饥饿经历”，二是穿插其间的作者奶奶告别人世前两年的记录，那是一个在生死之间挣扎的老人。影片指向的是一个“老人的村庄”，老人生命中的孤独和挣扎这一人生无法逃避的结局，植入一个从饥饿灾难中幸存下来的村子里，影片的意味在此。

现在看到的新片初剪，两个小时长度，有不少内容，如家事和各种村事，沸沸扬扬，但其中一桩事在诸多事件中尤为显眼，即“家庭反对”。事情起因是邹雪平把她的上一部片子《饥饿的村子》给家里人看了后，引起家庭风暴，父母强烈反对她这么干，理由是这属于“反党”，是“危险的事情”，随之而来的是对女儿大学毕业“不找工作，不干正事”的抱怨。而邹雪平对此的反驳和辩解，在自认为“经历过人生”的父母面前，显得软弱和苍白。

我以为这应该是这部片子的叙述主线，即故事的骨架，但可惜的是，初剪片中还有其他事情，让这条线索被淹没，甚至若隐若现了。我想，这个看似很家常的事情应该成为片子的主要事件，其中自然融入作者的自我疑问和困惑。作为上一部片子的后续，其意味是，作者再次返回那个“饥饿的村子”，始料未及的是，她的父母——“饥饿的后代”并肩构成阻击她返回的战线，所谓“家庭反对”是这个战线的其中一段。这应该是这部“后续”片子构成的轴心，或者说，是启动这个片子寓意走向的一个重要的“点”，呈现给我们的一个事实是，“饥饿”已成为回忆的这个村子，50年后的现在是什么样子？“饥饿”消失了吗？“饥饿”仅仅是肚皮或肠胃的问题吗？还有，那些没有经历过饥饿的人，不需要记住饥饿历史的人，他们真的就“饱”了吗？一个非常有意思的问题提出来了，就是：下半身问题解决了，但上半身（也即精神饥饿）依然存在问题。

邹雪平遭遇的这种“家庭反对”实际上在2010年夏天她回村采访时就发生了。记得当时她从村子回来，一脸沮丧郁闷，也藏着某种担忧。当时我们就开始讨论为什么会出现这种“反对”，社会原因、历史原因、家庭原因……这些原因说出来都不是什么令人惊奇的事，不只是因为担心害怕，或者恐惧延续，也包括当人人都在往大都市跑、去挣钱去谋好生活时，这个女儿却跑回村子，干这种“不挣钱又危险”的“寻找饥饿记忆”的事情，和现实潮流背道而驰，家里人完全不希望女儿走向“另类”或“异类”。

谈到这种“反对”，实际上农村家庭和城市家庭都是同类，和文化及教育背景无多大关系，甚至可能城市家庭“反对”得更凶猛，因为他们更现实地深知“另类”或“异类”太“不正常”，是要“被社会抛弃”的。

好了，“大道理”不多说了。结合初剪版本放映后大家提的意见，说一下我对片子的修改看法，主要围绕片子的结构问题。如何让片子的叙述更清晰明了，手段就是如何用“减法”。

1.《吃饱的村子》是《饥饿的村子》续篇，“家庭反对”故事源自于“拍饥饿”这件事，应该考虑这是“独立成片”，即要考虑观众如果没看过上一个片子，看这个片子也不影响理解（当然能两部都看的话，意味更深），所以片子的“线头”怎么被牵出来很关键。大家提的意见是，片子开头应该有一个必要的交待，比如，作者回到村子，走回那些曾经被拍摄的老人家里，送给他们照片，并和他们商量一起看之前拍的片子。之后镜头转回家里，家里人对她做这件事情的态度，即“家庭反对”的故事开始一点点铺展开来。我想这些意见很好，“村里老人”和“家庭”是两条线并行的，“外围”（村里）为先，“内部”（家庭）为后，交叉延伸，直到引出村里老人来家里看片子，然后发生老人们对于这个片子是否可以到国外放映的争论。最后，是组织村子里的小孩看片和讨论，这是片子的结束，也留下另外一个“新故事后续”的尾声。

2.如果这个结构可以确立，初剪版本结构中的“自拍心理独白”段落是否有必要保留？我的意见是可以删除。邹雪平的情绪反应在那些事情的过程中已经可以逐渐感觉到，没有必要再去“自白”一番。“作者内心”自拍似乎很有作者特点，但在这个片子里感觉很累赘，拿掉以后，片子会更明快。“个人情绪”蕴含在事情过程中，比努力强调出来效果好，而且片子的节奏也出来了，韵味更足。

3.我非常喜欢片子中的一些段落。比如老人在看片时争论片子是否可以到国外放映，之后镜头又重新返回到那些老人家里。首先是一个叫西陵的老人，他支持邹雪平的片子去外面放映，他的支持不仅是说说，而是约邹雪平一起去劝说那些持反对意见的老人；接着是作者自己继续去和一些老人沟通，其中一个老太太，耳聋，对是否同意国外放映的问题问东答西，让人无奈；还有，片子中出现孩子们邀约看片，列出会来看片的孩子名单，并挨家挨户通知。所有这些段落都非常生动，但在初剪版本中，因事件纷杂，被淹没了。修改时如果做“减法”，这些段落意味会凸显出来。

《吃饱的村子》里受访老人合照

《吃饱的村子》剧照，邹雪平与村里孩子们的合照

4. 通观全片，主线确立了，其实主要内容就是三个：老人看片，家庭反对，小孩看片。人物关系主要是：作者和老人，作者和家庭，作者和小侄女及其他小孩。很清楚很简明的线索，叙述把握住了，这个片子也就达到目的了。这个片子的所谓“含金量”，就是作者邹雪平的“个人故事”，一个25岁的本村后代，闯进本村“历史隧道”时，遭遇“现实阻击”，又试图迎面还击。

5. 还想说说作者的小侄女。这肯定是个有意思的人物，她是全家一片反对声中支持作者的唯一一个人，一个“小人”。她在片中的位置和分量如何安排更为合适？因为这个人物牵扯到作者，包括我们前后转变的看法，我想多说几句。这是作者哥哥的女儿，9岁的侄女，邹茹一。我记得冬天邹雪平在村里拍摄期间，在邮件组里说家里所有“大人”（包括雪平19岁的弟弟）集体反对她的时候，唯一一个支持她的人是这个9岁的小侄女。我们当时对邹雪平在邮件里摘抄她说的话感到很惊异，她说老人从前饥饿受苦的事不公平，政府应该向他们道歉、认错，小姑现在做的事是对的。这些本该大人说的话却让一个稚童说出来，我们都觉得这是一个“小天使”，是雪平身处“反对”困境和一片麻木现实里的一个“亮点”。我们都欢欣鼓舞（尤以我为甚），建议雪平在拍摄中紧抓住这个人物，使之成为片子中的“救场人”。

现在看，我们都太天真了，或者说被现实挤压得喘不过气来时，就像抓稻草一样抓住了小侄女。想象的片子是一回事，现实是另外一回事。我们把本不该让一个9岁孩子承担的责任凭空放到她身上，是我们这些“大人”无能、软弱，自己在深水里憋得呼吸不了，就胡乱抓住想象中的救生员。这一点雪平是这样，我，或者其他“围观者”也是如此。

所以在初剪版本里，小侄女被剪辑成一个重要的人物，她和雪平几次谈话，还安排她来采访作者，感觉有些过分地“被塑造”成一个“小大人”的角色，过分地承担了本不属于她该做的事。所以片子的修改，是不是可以考虑让小侄女“还原本来的面目”？

再多说一句。9岁的小茹一，在邹雪平回村的现实中出现，“小天使”只是一个象征，可以给我们提供某种思考和激励。我们正在20岁出头的年纪，是不是该做更多？是不是该用自己的行为继续下去，让若干年后的小茹一们也在20岁出头时“活出另外一种样子”，和他们务实无比的父母们拥有完全不一样的人生？

章梦奇和“47公里”

章梦奇和邹雪平一样，其创作在去年与民间记忆计划同时起步，完成了纪录片处女作《自画像和三个女人》。和民间记忆计划的其他年轻人不同，今年她俩都是纪录片创作的“二进宫”。按“独立影像”（我的理解就是完全“个人方式”）的纪录片创作经验，第二部作品往往比处女作还艰难。我对这种说法的理解是，第一部片子凭着最初入门的新鲜感，还有不可抑制的自我展示与表达的激情冲动，可能会一鼓作气登上一个峰顶，但下一个呢？各种麻烦困扰就变得相当烦人，难以摆脱，以致很多人放弃。我承认这个事实。回头看，倒在处女作终点的年轻作者比比皆是。

这里我不去分析原因，只想提出这个事实，邹雪平和章梦奇的第二部片子的确对她们的继续创作是一个艰难考验。我希望她俩都能顺利跑到终点，更盼望她们的第二个片子创作完成又引出第三部、第四部片子，甚至更多创作的可能性。这对参与民间记忆计划（也可能包括与此计划无关）的其他年轻纪录片作者的继续创作能提供有建设性的经验。我心里有一个没有公开的想法就是，民间记忆计划是一种独立影像与社会现实参与交融的试验，锤炼着作者继续创作的能力，也检验着这种“独立影像”对我们身处的现实是否“有用”。这是一个长话题，民间记忆计划也才刚刚起步，我现在也只有一些直觉想法，朦胧、不清晰。我这里简单提到，是想和在草场地的人说，我们在这里并非只是为纪录片而谈纪录片。

好了，话回到章梦奇的这部片子的初剪版本。片子已经被定名《自画像：47公里》。片子开始的第一个镜头，是公路边一个标着“47”的公路里程界碑。顺着影片继续下去，我们知道，“47”这个里程界碑位于一条公路干道和一条通向某个村子的土路旁，顺着这条土路进去，就是作者将要返回的一个“和自己有关的”村子。村子名叫钓鱼台，隐藏在湖北随州绵延的山丘里。“钓鱼台村”，听起来是一个美丽的名字，诗意，让人忍不住想象，但作者却以“47”这个公路里程数字代替村名。这是一个被数字代替的村名，一个被外面世界忽略和遗忘的村子。章梦奇的片子以自己回村开始，她要从寻找被遗忘的“三年饥饿记忆”开始，接着寻找这个被遗忘的村子的现实，然后在此过程中发现一个“被遗忘的自己”。

我想我大概把握住作者这部片子的立意——补充一句，如果要对一个作者的影片提出点什么有建设性的建议或批评意见，首先得弄懂作者隐藏于内心的表达欲望，即便作者本人可能会感觉模糊，说不清楚（这种情况很常见），但作为一个“旁边的观察者”，得钻到作者内心深处努力抓住作者的感觉核心。好像中医有个说法，把脉之前，通观内心。意思就是这个。

影片名字有“自画像”这个词，和作者上一部作品《自画像和三个女人》对比来看，表示作者要继续“自画”动作，一个自我寻找的继续。作者的上一部片子是一种“寻找”方式的建构，从自己的成长记忆到追溯母亲、外婆的“爱情人生”，三代女人因袭相传的命运考问。进入到第二部片子，跟随民间记忆计划，作者让自己回到“本该没有关系”的父亲老家村子“47公里”，我以为这是她的上个片子的一个最佳延续方式，一个完成自我教育和度过残酷青春期的人，如何继续在现实中开始她的人生寻找。

这个“47公里”通向的一个村子成了章梦奇寻找出发的一个具体场所，是她身上“男性血缘”流传的一个最原初的点。这和她第一部影片的“女性血缘”对应，是作者的蓄意谋划。我知道一点作者的家庭背景：20世纪80年代初，作者20岁左右的父亲离开村子，方向是城里；父亲的父亲——爷爷还留在那里，现年近80岁。爷爷是过去时代的人，老了，想离开也离开不了，代表了上上代人的全部命运，因为时代和环境，终老于一种摆脱不了的命运；而父亲是有机会离开的，离开后当然不会再回去，回去就意味着“混不出来”，没有脸面，所以在外面活得再窘迫再潦倒，打死也不回去。父亲代表了后一代人，包括再下下代人的现实和追求。

章梦奇这种“一半城里一半村子血统”的下下代人，自然首先从心里就和农村划清了界限。那是符合如今现实潮流和趋向的，即尽可能地背对村子而行，往城里走，往大城市走，往国际化走，然后“混出来”。现在，梦奇反其道而行之，逆向潮流，逆向自己过去的追求，返回这个村子。有意思的故事就在这个过程中发生了，一个可以“走内心”的作家影像方式的片子有了一个可以从容展开的空间。

在影片里，这些意味具体依托的是村子的现实，是通过作者走近一个个老人，坐在他们面前，从询问50年前的“饥饿记忆”开始，并逐个层次展开。我们看到的不仅有

《自画像：47公里》剧照，余先堂老人

《自画像：47公里》工作照

老人讲述“饥饿故事”，也有“坐在老人对面”之前的“走近”过程：听力极其困难的爷爷和孙女章梦奇之前的一场对话，涉及“找人诉苦”会带来麻烦，“国家不允许的”，这是爷爷的害怕；另一个听力一样费劲的老人，坐在画面正中，两个人（老人的孙子和作者大伯）在老人左右两侧进出画面，不断凑近他耳朵吼出和“三年饥饿”有关的关键词：五九年……挨饿了没有……过渡时期……这是一个长镜头，在老人终于听清问的是什么并倾倒出一腔苦水之前，我们看到的是画面中老人茫然的脸，答非所问，哭笑不得。努力试图唤起老人记忆真的是一段漫长的跋涉。

除此，影片中还有作者和老人的相处——一位80岁的残障老人余先堂。我们看到她夏天时拖着一只竹椅，一步一挪由远及近，还有她讲述“饥饿时期”的种种惨状时那张树皮一样的脸。虽然这位老人一脸沧桑，却是一位爽朗健谈的“坚强记忆者”。这位曾经的乡村“赤脚医生”，治病救人的工作让她当年挨家挨户地跑，不仅是“饥饿灾难”中的亲历者，也是“看得最多”的见证人之一：“针瓶盖刚打开他就死了”“我救活的那家人后来也饿死了”“马大顺是吃了干部们的剩饭被撑死的……”这些故事从她口中讲述出来，传达给坐在她对面倾听的梦奇，留在影像记录中。

影片后面，我们再次看到冬天的余先堂老人，是作者给她送去拍的照片时，她正蜷缩在火塘旁。工作坊讨论时，罗兵对这段的评论是，“冬天的老人才是完整真实的”，说得真是点题。火塘边的余先堂老人，裹在厚重如盔甲的衣服里（我猜想她所有能保暖的衣服都穿上了），面前的火塘上有一只分不清颜色的口缸，她说这是她的饭。屋外院子里传来吆喝鸡狗的声音，这是一个有子女和一群孙子的老人，他们同住一个院子，但她得自己打发自己的日子，生病也得熬着，如果去看病死在路上更受罪。这是冬天的某个下午，外面飘着雪花，章梦奇和这位老人坐在火塘边，偶尔有那么几句对话，很日常的那种，然后是长久的沉默和老人的叹息。

影片中的“自画”，即作者的自我呈现是一个重要内容。我们看到的是，作者在老屋里找到父亲留下的一些衣服，穿上，站在村道和田里；有时就那么安静地待着，有时说一段心情感受之类的话；以后又把这些衣服穿在田里立着的稻草人上。我想这是作者刻意为之的一种“表演行为”，似乎想以某种“强行介入”的方式在这个村子现场做一种“装置”，撞击或激发出些什么来，简单理解，类似朝一潭死水中扔进一块石头。

如果只是这么一些“表演式的装置行为”，我们可能看看就过去了，不置可否。但好玩的是，这些作者精心设置的画面在影片中被打扰，被破坏。比如作者穿着父亲的男式服装站在田里，冬天烧草做肥的烟雾飘着，一个奇怪的人，画面也奇异，这时画面外一个声音传来（问“在干什么”），估计是一个路过的村里人很匪夷所思了。接着他入画，和作者开始一场对话，对话内容就是，你是干什么的，为什么这么做，等等。还有另一段是作者给稻草人穿上父亲的衣服后，站在田里开始说话，说的是自己感觉和这个村子格格不入，冷漠，距离感，困惑自己为什么要来这个村子，等等。

还有，作者安排的“现场独白”这种场景被“破坏”了，“破坏者”是风。估计拍这段画面时风很强劲，而章梦奇只是“业余影像人”（只有一台小DV，当然也没有专业防风罩，她也不具备录音时需避免周围噪声的影像常识），结果这个场景的声音“很糟糕”，作者的说话声不断被“噗噗噗”的风声打断，有时只见作者嘴动但完全听不见说什么。作者精心构思的内心独白在风中变得七零八落，但作者坚持在影片中使用这段素材，我想其寓意是显而易见的：一个返回村子试图干点什么的年轻人，随时都会碰到种种“不适应”，连风都在捣乱。

片子分析得差不多了，想说下我对片子的修改建议。说之前我声明，不是我对影像创作有什么富有经验的高见，这些建议只是被作品刺激而生。这不是谦辞，事实如此，因为我就做不出这样的片子。

1.“手电筒光”在影片中的结构作用

影片使用了两类截然不同的场景组构，一是村子现场，二是舞台表演。因为章梦奇的舞者身份，她依然想把她在舞台因“饥饿寻找”创作的舞蹈加入影片中，我想这不是作者身份的故意显示，依然是“自画像”方式，或作者使用多种“与自己相关”的材料的运用。问题是，村子硬梆梆的现实和带有幻觉感的舞台，这两类截然不同的场景如何巧妙并有味道地在影片中衔接呢？

这是一个影片构成的难题，但我在片子中看到了这种可能——惨烈严酷却是一种大雪无痕的表现。启发我这么想的具体例子来自片中：一个老人图片（作者在村里采访过的老人之一）在舞台上缓缓升起，图片被一束手电筒光打亮，接着画面叠入另一束手电筒光，光束中看到了黑夜中的村子，还有犬吠声。我看到这个段落转换的时候，有一种惊悚感，像身上通电一样。一种非常奇怪的“两个舞台”的转换效果，“非现实”与“现实”的自然衔接。可惜啊——我感到遗憾的是，作者在片中没有坚持使用这种“手电筒光”进行两个场景的转换；某个段落即便使用了，但选

剧场《自画像：47公里》跳舞剧照

择的“衔接镜头”不准确，比如其中一处，上一个剧场镜头是作者手持电筒光在舞台行走，转换到村子时，只是黑暗中的景物。但当我看到跟在后面的镜头是手电筒光打亮作者爷爷黑暗中慢慢挪动的背影时，忍不住心里喊了一声：段落衔接镜头应该用这个啊！

作为作品来说，单有观念还不够，需要寻找到某种具体手段来实施观念，这就是所谓方法。无此，观念就永远是悬浮在空中的一个单词。影片中的“剧场表演”与“乡村现实”的转换结构实现，使我感觉到，作者有一种本能，想借助一个简单而绝妙的工具：手电筒的光。手电筒是剧场舞台上唯一的光源，打亮舞台上那些来自村里、曾经被自己采访过的老人照片，这个动作也意味着作者在村子现实空间之外的另一种寻找。这个手电筒在舞台上是表演道具，到了村子就是实用工具，即夜晚的照明。片子里使用的手电筒照明画面，有夜路行走时的实用照明，也有手电筒光束刺穿村子的黑暗，光束中出现的某个房子不完整的轮廓、一棵树的奇怪剪影、一片荒草在模糊摇摆……这些很怪异的镜头，我猜想属于作者在现场时混杂着“无意识与下意识”“好玩新鲜与本能创作”的拍摄行为，既不是“瞎拍”或“无意中碰到”，也非那种专业影像作者的“精心构思的画面”（我很好奇这种界于两者之间的拍摄行为的心理和情感是什么，也许这是值得去分析的）。总之，这个手电筒之光使用精当，有可能成为影片中两个完全不相干的场景转换或穿越巨大差异的时空的具体手段。

这是剪辑中的细节问题。影片中的每一个镜头位置，尤其是段落转换的“关键镜头”选择，可以说是在建构一部影片的“生命线”。“剪辑点”经常是作者最伤脑筋的选择，但也最锻炼作者在影片后期的创作功力。就章梦奇的这个初剪版本来看，我认为“剧场表演”这条线并未足够强大地建立起来，有一种时断时续的感觉，没有达到和“乡村现场”那条线相互辉映或寓意并行的效果。所以我想借这些例子询问作者：是否对“两条线索”的平行叙述方式依然不坚定、不明晰，还是它仅仅是一种“工具使用”？

2.“自画像”手法

片子中的一个重要内容是作者的“自我寻找”。这种寻找不是那种大肆宣扬的，而是蕴含在作者“掉在村子黑洞”的那段时间里冰冷现实对自己的拒绝。包围着自己的枯寂寒冬和风，周围人好奇打量的目光，和耳聋爷爷之间困难无比的对话沟通，余先堂老太太僵尸般的日子……这些都是作者在村子里的遭遇，也是等着她的“陷阱”。这个过程中，作者实际上在自我打量，在挣扎，在犹豫，无数次努力之后，依然没有画上句号地“寻找”。影片的艺术手段，应该不是靠作者明说出来，而是需要体现出这种“寻找”的“高明处理”，需要借助最佳手段去“表现”。

初剪版本中这种“寻找”手法的体现，令我有一种“鱼龙混杂”的感觉。好的手段，如前面谈到的作者身穿父亲的衣服站在田里被路人打断，站在田里诉说心情被风破坏，无奈感、尴尬感、隔膜感隐含其中；感觉不好的是，作者在画面里出现呆立、奔跑之类过于明确的“自我表现”。这个问题在修改版本中很好处理，剪掉就行，但我还想提另外一个问题，即使在那些看来不错的“在村子泥潭现实中挣扎彷徨”的表现手段中，是不是也有一个主次问题，即不应该四平八稳罗列这些手段？某条重要的线索是不是可以强调出来？例子就是作者的爷爷。爷爷年近80岁，多年不出村子，耳聋，挂心这个多年后回村的孙女，但对她做的事不了解（比如担心她采访“三年饥饿”，询问收入多少钱等）。在无数看得见或看不见的村子现实泥潭中，作者和爷爷的故事讲述到位，可以凸显出“村子”这个深邃难测的大泥潭。

3.“父亲寻找”

“父亲”这个人物，有关作者对他的寻找也是影片中很关键的线索之一。这个和作者密切相关的父亲，20多年前离开村子，外出寻找梦想，已多年没有回来这里。作者返回的这个村子和父亲有直接关系，但作者回来了，这个父亲却踪影不在。女儿回村，父亲却在远方，这是一个有意味的对比。如果在影片中作者强烈寻找这个“不在场”的父亲，便会构成一种巨大的张力。是的，影片中这个父亲始终没有露面，但无数次被作者和村里人提到，被作者追问，就能构成一个被“寻找的”对象。虽然父亲“不在场”，但像影子一样漂浮于影片中，从头至尾。

片子初剪版本让我感觉到的问题是，影片中“父亲影子”的效果是有了，但为什么像“影子”？为什么始终跟随？这种“意味”如何蕴含片中？感觉还是不强烈。我想，如果这个意思做足了，那么作为作者的上一个“自画像”的延续，这个片子的“自画”——作者企图在父系血缘的村子这个更广阔更严酷的社会现实中的追问和寻找就有更上一个台阶的意思了。但如何做足这个影子，作者得在更多素材中去寻找，去掂量了。

《罗家屋：我和任定其》剧照

罗兵和任定其，对一个写回忆录老人的靠近

初剪版本工作坊，轮到罗兵出场了。这是他的第一部片子。去年夏天和今年冬天两次回村采访拍摄，前后在村里待了差不多4个月，现在看他拿出手的片子“第一剪”是什么样子。任定其，一个看似平常的村里老人，居然写了自己一生的回忆录。他在罗兵去年回村采访时被发现，但老人只对罗兵说他写了回忆录，宣称是“内部资料”，不给罗兵看。到冬天罗兵再回村继续拍摄这位老人时，终于在罗兵即将离开村子时，老人把回忆录给他看了。

这是罗兵这个片子的大概背景，自然任定其是这个片子的核心人物。看了罗兵的初剪版本，片子努力想讲这个写回忆录的老人的故事，堆了很多素材，但感觉平淡、乏味。

问题出在哪儿呢？我一直在想。肯定是使用表达手段存在问题。任定其这个人是罗兵在回村后碰到的一个自己动手写回忆录的农村老人，是一个强烈需要“见证”的人，即不愿意自己从前过的苦日子白过。这么一个人物如果作为人物题材去找，用大海捞针形容都不为过，却被罗兵撞上了，他作为影片焦点人物可以说是老天赠给罗兵的礼物。但问题是，罗兵的创作不应该仅仅是记录一个人物和他的回忆，虽然我们拍的是所谓纪录片，但仅仅“记录”是不够的，得寻找到“表现手段”。说白了，就是要做一部“表现主义”的影像作品，而非通常的“客观描写”。

仅仅是琢磨、讨论如何把“表现手段”找到，我觉得还不是问题的关键。所谓表现手段，就是想招儿，想出奇制胜的形式，但如果方向不清晰，或者具体点说，对任定其这个人物理解不深刻、不透彻，那种想招儿就是头痛医头的庸医行为，解决不了致命症结。也许可以动点小脑子，玩出点小招数，侥幸让这部片子做得还说得过去，但下一部呢？以后罗兵再次回村的方向何在呢？我们在民间记忆计划中谈纪录片的创作，应该从一些基本的关键问题入手，比如说这个写回忆录的老人任定其，不应该随便打量下就绕过去。

所以我想和大家一起讨论下这个任定其。他写回忆录这个行为本身，不仅对罗兵的这部片子至关重要，而且对他之后的继续创作，包括我们是否可以从中汲取宝贵的养料并得到启发激励，都是一次天赐的良机。

我想从罗兵这个初剪版本中的一句作者旁白“我现在不知道是否认识了这个任定其”说起。这句话问得好！是疑问，是追问，是考问，或者还包含各种各样的“问”。事实上，任定其是个默默无闻、居住在湘东一个山洼洼里的普通农民，那些和他长期生活在一起的罗家屋的村民，包括他的妻子、子女和后代，都不认识他的另外一张“脸”，不认识他温和、弥勒佛似的笑脸后的内心是什么。2010年夏天，因为民间记忆计划，罗兵回到村子；接着又是一个冬天，罗家屋终于有一个后人开始走近这个任定其，和他交谈，听他讲述往事，跟随他走近其他老人。通过和任定其待了一个夏天和一个冬天的罗兵，我们知道任定其这个人和他的故事，无数次讨论这个人以及他存在的价值意义，但我还是感觉，我自己、罗兵，或草场地的年轻作者，都没有真正认识任定其，只是刚刚看到这个人的模糊影子而已。

我记得，罗兵2010年夏天第一次回村采访拍摄回来后，第一次说到任定其这个人和他的回忆录。那时罗兵还没有看到回忆录，只是看到目录标题，其中有“数万雄师造水库，日以继夜做苦力”“‘一打三反’遭审查，远赴他乡去相亲”……我眼睛发亮，感觉这个普通农民的回忆录是一种“不得不写”的东西。有痛苦经历之人千千万万，但落成“写”的动作，尤其对方是一介村民，这真的让我惊讶。

当时我和罗兵开始了一个猜测：在中国，像任定其这种农民，写如此回忆录的有多少人。我先让罗兵说一个他的估计，他明显吃不准，犹疑考虑，最后他给出的数字是：5万。我说出我的估计是：不会超过100。

“5万”和“100”，都是没有任何事实和调查的猜想，但代表着两种对当下环境的推测，前者偏乐观（罗兵后来解释说，中国农民好几亿，说个“5万”不嫌多），后者偏悲观。我的理由是，如果说中国农民有5万人在写这种“做见证”的回忆录，这个国家早就不是现在这种样子了。

“5万”和“100”的数字讨论发生在2010年夏天，当时罗兵第一次从村子返回，之后他于冬天再次回村，有了与任定其老人更多的相处相知，也包括对村子现实的认识上的变化。片子完成后，罗兵可能不会再认可这个数字，这个“不认可”就可能包含着罗兵本人在这个过程中的变化。

但我还是感觉，我们离“认识任定其”尚有距离，且距离不短。就从一个简单的事实来说，任定其写他的回忆录是在60岁以后，时间是20世纪90年代中期。我对这个时间的理解是，任觉得“该写了”，时间到了，也基本安全了，不会有大麻烦了。我想象这个老人内心酝酿了多久，燃烧了多久，也挣扎了多久。

想象一下任定其写回忆录可能的方式、场景和心情。一个年过六十的农民，干活之余，猫在黑屋里，一笔一笔开始记录自己经历过的人生。罗兵以“侦探”的方式进入任定其这个人物的内心世界，是深刻理解了这个人物行为后的一种探测进入。任定其写回忆录如黑暗屋子中的隐藏行为，罗兵镜头的探进是对他的内心探究，也是对从前历史的追问，包括对依然麻木的现实的一种叛逆。这是一个意味深长的动作过程。

“我现在不知道是否认识了这个任定其”这句话，我认为可以说就是一句点题之语，作者完全可以把这句话当作影片旁白的第一句话，由此延续、展开，交织着猜想、疑问、想象、追问等心理活动，成为影片的一种独特的“内心独白叙述”。

影片的叙述线索是，老人写回忆录是过去时行为，罗兵只是“听说”者，并没有看到，因为老人说是“内部资料”。也许老人依然担心畏惧，不敢把自己记录的历史示人；也许他不太信得过罗兵这个邻居后生，犹疑着是否值得拿出来。这一过程是罗兵在逐渐靠近任定其，一个青年走近一个老人，走进一段历史，也是在现实中正跋涉走过的一条路，或者也寓意着作者对这个自己之前从未认真打量和思考的村子

《罗家屋：我和任定其》作者罗兵工作照

（也包括这个社会）的认识旅程。在这个旅程中，任定其这个人，逐渐显影，像一棵树一样，清晰定格在罗家屋这个村子。

这个初剪版本，罗兵的旁白可能更多地具有“背景交待”“人物介绍”等功能，追求朴实和客观，却透着一种无所谓的味道。为什么不把“影片旁白”做成“心理独白”呢？这是用一种极端方式来凸显需要达到的叙述效果，把这个“内心独白”的方式强化、再强化，拧成影片的一条坚实存在的主线，像胶水一样贯穿、连接、推进影片叙事。这样干的话，也许初剪版本存在的多种内容混杂、互相打架的问题自然就化解了。

说了这么些，被刺激出来的是那个我从未亲眼见过、只从影像中认识的任定其老人。

（本文图片由作者提供）

卷六 观展

局部社会作为一种文化全景
简评第16届威尼斯国际建筑双年展中国国家馆「我们的乡村」
邓圆也

穿越中国
叶恩宇

构建共同体。集体的物体。空间和仪式
毕月

局部社会作为一种文化全景

简评第16届威尼斯国际建筑双年展中国国家馆「我们的乡村」

邓圆也

丙丁柴窑（张雷）展区装置内部

一、沿革

威尼斯双年展（La Biennale di Venezia）始于1895年，分为艺术双年展与建筑双年展，以单、双年轮流举行。历经120多年，威尼斯双年展与德国卡塞尔文献展、瑞士巴塞尔艺术博览会并行于国际文化艺术类展会的最高梯队。国家馆于1907年伊始陆续建立，包括了卡洛·斯卡帕、阿尔瓦·阿尔托、斯维勒·费恩等知名建筑师作品。威尼斯国际建筑双年展晚于艺术双展，始于1980年，如今已发展成为世界上规模最大、最具影响力的建筑展览。有赖于威尼斯双年展雄厚的历史积累及其对自身前端姿态的锻造，如今的建筑双年展是世界各种同类型建筑展的模板和标杆。

近年来，威尼斯国际建筑双年展显示了对建筑与社会、历史、文化、精神等相互关系的持续关注度。第15届建筑双年展由2016年普利兹克建筑奖获得者、智利建筑师阿力杭德罗·阿拉韦纳（Alejandro Aravena）担任总策展人，他在智利设计了诸多低造价社会住宅，持续关注建筑在社会问题中的角色与作用。他给出的双年展主题是“前线报告”（Reporting from the Front），希望借此探讨住房供需矛盾这一世界性的冲突。第14届建筑双年展由库哈斯（Rem Koolhaas）担任总策展人，主题为“本源”（Fundamentals），试图割断与当代建筑的关系，回顾建筑历史和遗留，查找建筑的基本质性；此次双年展还包括三个独立且呼应的展览：Monditalia（意大利的宏远图景）、Elements of Architecture（建筑的元素）以及 Absorbing Modernity 1914—2014（吸收现代性：1914—2014）。第13届建筑双年展由戴维·奇普菲尔德（David Chipperfield）担任总策展人，以“共同基础”（Common Ground）为主题，旨在彰显有机、有力、有关联的建筑文化，在建筑所指涉的精神与物质领域提出讨论，揭示建筑与建筑、建筑与土地、建筑与城市空间的关系。

近年获得金狮奖和银狮奖的国家馆也不乏对本国社会问题的挖掘。举几个例子。2016年金狮奖得主西班牙馆的展览主题是“未完成”（Unfinished），展出了由于经济危机产生的一大批未完成的建筑，并展示建筑如何通过材料、结构、技法来突破物质的局限性。2014年金狮奖得主韩国馆以韩国和朝鲜的建筑为主题展出了“朝鲜半岛鸟瞰图”（Crow's Eye View: The Korean Peninsula），韩国馆以人文关怀的视角关注南北的历史问题，全景式地呈现了在朝鲜半岛分裂的特殊情况下的韩朝百年建筑历史，披露南北意识形态引发的建筑异质化问题。2012年金狮奖得主日本馆由建筑师伊东丰雄担任主策展人，这个名为“众人之家”（home-for-all）的展览，展示了建筑师如何为日本大地震中失去家园的人们解决居住问题。展览以建筑作品为主体，铺陈展示了数十个建筑模型，铆固在从地面升起的木桩展台上，反映了灾后复兴的当代建筑，以及建筑师对修复社会空间的努力与关怀；同时，灾后城市的全景照片为观众提供了社会背景认识，促进了对建筑作品的深层理解。2014年银狮奖得主智利馆以“巨物之争”（Monolith Controversies）为策展主题，重新审视1931—1981年间，智利境内以28种混凝土板体系兴建的153栋住宅的过程与历史。展场中的混凝土面板不仅代表了早期智利本土的工业生产，因其获赠自苏联政府，还代表了智利社会主义理想的历史标记。这说明建筑设计不仅属于资本或美学，也似乎不可避免地代表了特定的政治与意识形态。

第16届威尼斯国际建筑双年展主题由总策展人伊冯·法雷尔（Yvonne Farrell）和谢莉·麦克纳马拉（Shelley McNamara）定为“自由空间”（Freespace）[1]，顺延了对建筑与人、社会、文化之间关系的讨论。“自由空间”由总策展人解读为：建筑是“一种慷慨的免费馈赠，包括自然资源和人造资源，具有人文知觉；聚焦于建筑的附加功用，包括其社会性与开放性；是一个充满机遇、民主的空间；自由的想象，自由的空间、时间和记忆，均建立在文化的层叠堆积上，编织着当代的组曲”。

二、应题

第16届威尼斯国际建筑双年展中国国家馆的主策展人李翔宁以当代中国乡村图景来应题，以“我们的乡村”（Building a Future Countryside）为主题，呈现了

1 “总策展人阐述主题时将Freespace描绘为一种广阔的精神境界以及人文关怀，这种境界与关怀渗透在建筑的内核之中，凝聚于空间的品质之上。其侧重点是建筑要为使用者提供自由、额外空间以及满足不同人内在需求的能力，鼓励人们反思考虑问题的方式，提倡新的思维理念，以设计出更舒适的建筑，从而满足人们在这颗脆弱星球上的生存需求与人格需求。‘自由空间’将自由融入想象，凭借时间与记忆的自由空间将过去、现在和未来连接，通过传承文化勾勒出传统与现代的画卷。在‘自由空间’的主题下，2018建筑双年展将展现各类建筑案例、想法与思路，以供各界人士探讨。这些案例蕴含了材质的丰富与调和，演绎了运动中的和谐秩序，展现出建筑的力量与美感。”来自“第16届威尼斯国际建筑双年展中国国家馆征展启事”，艺术中国：art.china.cn/zixun/2017-07/11/content_39035670.htm

中国乡村建设现场。李翔宁认为，“自由空间”与当代中国乡村的多元发展形态和角色始终紧密联系在一起，而中国乡村可能会给世界城市带来一些刺激。

当代中国乡村建设基本上可以被称为一场全民运动，现阶段的乡村建设从数量、层次和广度上均前所未有。这将对未来的城乡规划乃至全球格局有革命性的影响。乡村由于弹性的政策和社会形态相对松弛，比城市具有更多可能性、更大潜力，更开放，这使得乡村建设正处于活力充沛的实验探索阶段，其自主建造的土壤和自由的机制，是农村土地所有制、政府主导、民间自发和市场资本等共同作用的结果。乡村也并非封闭的地域概念，它向城市居民与国际市场开放，各界人士来到乡村消费、投资或营造，形成开放而充满实践机遇的状态，而中国乡村的生产劳动已全面参与到全球产业链中，参与者庞杂多元，随着技术革新、细分和升级，中国乡村已经是全球经济活动中必不可少的一分子，乡村由此更符合“自由空间”的定义。

李翔宁策划的中国馆主题与双年展总题和当下全球建筑问题极为契合且挖掘得很深。中国当代乡村以现代连接传统的建造形式、多元动态的乡村文化重建，也很可能会产生影响中国乃至世界的新范式。

从物理环境上看，中国的村庄和乡镇并没有连接成一个个的独立城市，而是构成了一片零散的“城乡融合区”。这些区域往往混合了农业、工业和第三产业，区域内部连接紧密并有完善的交通体系，并且都参与了整个地区的工业化和城市化，甚至参与全球经济，但它们今天仍旧不属于城市范畴。

从空间上来看，它是一种新的增长模式——并非从一个城市中心辐射出去，而是一种“无中心的”或是“乡村自中心式”的地区。在这个模式中，乡村是社会运动、建设与重建的第一现场，有别于文人的乌托邦理想，有别于传统意境的回溯；既不是乡愁的田园牧歌，也非地域主义的试验田。

乡村并没有服从于传统，古老和历史还未封存起来，就匆忙而热烈地加入国家发展的动态系统之中。紧密的城乡互动，不断增长的混合型城乡活动，以及节点式和带状的商业发展形态，构成了中国乡村的运动模式，既模糊又具体，在不确定性的旋涡中心激烈地参与着全球经济。

近100年来，中国经历了五次大的乡村建设运动。中国现阶段对乡村建设投入的

第16届威尼斯国际建筑双年展中国国家馆内景

财政资源远远超过中国历史上历次乡村建设。现正进行的第六轮乡村建设“运动”是前所未有的。至2016年，中国财政收入增长明显放缓的情况下，国家仍继续把解决“三农”问题和乡村复兴放在突出位置，确保农业农村建设投入。中国用于农村建设的投资预算占每年中央政府投资总规模的比重，已经连续第五年超50%，且超过一般公共预算支出的增长速度。

谁在乡村中居住、建设、消费和营造？在国家政策影响下，劳动力回流正在发生，生产方式多样化正在发生，国家的目光愈加看向乡村，资本也随之紧追过去。乡土社会向市场社会的转型轰轰烈烈：基础设施产生急剧变化，庞杂的产业链陆续入驻，生产消费系统多角度生长，传统伦理秩序与互联网思维交织。村庄内原有的居住功能发生了改变，这种改变在经济基础（物理环境）和社会形态上彰显出来。

建筑的秩序性在乡村被迅速弱化，非正式（多功能）的用途此起彼伏。乡村的在场者们对建筑的使用充满了想象力，建筑的初衷总能遭遇意想不到的附加、篡改或重整。建筑，成为乡村生活中共识与共谋、权力和资本、信仰与村治交融的构成性秩序。这样的共序空间充满了意外、机遇、谈判和民主的可能性。而乡村天然具有的高黏合度的人际生态，以及对野生性、不精确性的包容度，神奇地串联了一个又一个的利益相关方，使得乡村这个共序空间变成热火朝天的社会运动现场。

芝加哥学派将城市扩张解释为由城市核心向周边农村辐射的过程。如果我们套用西方模式来看待中国的城市化，景象却几乎截然不同。像珠三角、长三角这样的地区，展示出了一个城市和乡村“双轨道发展”的模型。这个模型中的乡村和乡镇显著工业化、密度化，劳动力来自农村，原料、装配、生产等一切皆发生在乡村；乡村以完全不输给城市的力度，一遍遍糅合着互联网作为分母之上的各种新兴产业链：轻工业、通路物流、互联网金融、养老社区服务等。乡村承载并消化着建设发展的实际内容。

而西方模型中所谓的“原始城市核心”，在中国也许根本行不通。广大乡村的形态，无论是城中村还是城外村，实际上是所有城市化的起点，是城市剧变中的关键一环。这使得中国乡村的发展模型，与西方模型有着截然不同的样式。

综上所述，中国今日的乡村在三重意义上是大多数地区所未经历的。首先是大规模。尺度和社会参与的广泛性，包括农民自建、集体众筹、多元资本的涌入等，使得中国成千上万的乡村以极速甚至野蛮的状态生长，所带来的巨大变革会在人类的建造史上留下印记。其次是多形态。当代中国乡村基于技术变革所带来的产业链的提升，互联网、物联网、共享经济等新范式的引入，为乡村的物质形态和行为版图带来冲击。三是新模式。乡村作为城市的镜像，提供了自然、生态、传统文化、人

俯瞰第16届威尼斯国际建筑双年展中国国家馆室外展场花园的大型亭式装置「云市」

主题装置丙丁柴窑（张雷）展区

文关怀、公共参与、对话机制等深刻议题的关照与勾连，可能为未来城市发展和解决问题累积全新的经验。

建筑师在乡村这块“自由空间”中，成为这场建设运动的重要参与者。乡村建设作品的数字在不断增加，体量和深度也在不断增大。中国馆“我们的乡村”聚焦在数个建筑师作品上，试图以镜窥景，展示中国乡村建设热火朝天的运动生长形态，透露其物质和内容的形成过程。展览的语境是当代而动态的，不是怀旧而博物馆化的；通过单体建筑项目，讨论背后的实践体系，以中国乡村模型来回应当代问题。建筑项目承担了这个庞杂进程中核心和具体内容的“标本”角色。乡村的经济基础、物理变化、文化转型和社会形态皆可在建筑的逻辑上探知一二，观者或可借此看到中国乡村这样的共序空间中机遇和民主的可能性。

三、现场

中国馆所在的威尼斯双年展的固定场馆军械库历史痕迹浓重，空间具有显著的纵深，展场设计自然地处理了场地和展品的关系。6个室内大型装置和阵列式模型的结合，脱胎于密斯式的自由布局，充分利用了空间不同高度的视觉特征，并以主题装置、主视觉元素、项目展板与模型构成不同层次；一个位于室外展场花园的大型亭式装置，还原了乡村公共设施的功能——聚集和停歇。

新寨咖啡庄园剖面模型（华黎）展区

展览设置了6个板块："居""业""文""旅""社""拓"，从诗意栖居、乡土制造、文化实践、自在游憩、社区营造、开拓创新6个方面，通过空间和类型，串联起中国当代乡村的发展趋势和自由格局。正如李翔宁所说，"这次中国馆的展览目的不仅仅在于表达'乡愁'，而更希望回到中国文化的发源之地，去寻找被遗忘的价值和被忽视的可能性，并于此展望我们未来的乡村。"

"居"，顾名思义，展项主要包括了民居和家宅。有别于传统乡村住宅和在城市化进程中的图纸复制型自建房，建筑师对乡村居住类型和技术开展了诸多探索和实践。此板块展项包括了主题装置，即由董豫赣创作的一座以"山、水、林"要素为想象的"观看的装置"——"山居水居林居"，以及城村架构的金台村重建，谢英俊的杨柳村重建项目，董功的船长之家改造，董豫赣的九江德安县耳里庭住宅。

"业"板块中的建筑展项，以不同角度回应了乡土社会向市场社会转型的需求。为了承托这些产业需求，建筑师做了相应的适配和调整，这些改变在物理环境和社会形态上都彰显出来。该板块包括了张雷的主题装置作品"丙丁柴窑"，对均质重复的二维单元做了相应变形，组合形成了一个烧制陶瓷产品的传统柴窑空间的移景；还有徐甜甜的松阳樟溪红糖工坊，华黎的武夷山竹筏育制场，陈浩如的临安太阳公社生态农场，李以靠的华腾猪舍里展厅。

绘造社绘制的「淘宝村，半亩城」局部

“文”板块呈现了乡村中的公共建筑，有别于传统乡村公共建筑如宗祠、神庙等服务于宗族、宗教的功能，建筑师介入的当代乡村公共建筑更多具备了文化和教育功能，例如小型博物馆、图书馆、村民活动中心、学校等。该板块展项包括主题装置“西店记忆装置”，它是刘宇扬以十字形金属装置再现的一个以“记忆”为主题的西店文创小镇，以及吕品晶的板万村改造，董豫赣的小岞美术馆，阿科米星建筑设计事务所的桦墅乡村工作室，源计划建筑事务所的连州摄影博物馆，李兴钢、承孝相、西泽立卫的UED楼纳实践系列。

“旅”板块捕捉了目前乡村与城市对话的一个重点，即乡村作为一种传统生活方式和“乡愁”的想象载体，吸引了许多城市人到乡野度假旅游。这也是乡村发展较早和较成熟的一条产业线。在建筑师的参与下，大批的民宿、农场、酒店等配套设施被催生出来。该板块的主题装置由华黎通过模型展示了新寨咖啡庄园将种植、加工、生产、旅游和乡村文化紧密结合的新模式，以及张利的嘉纳玛尼游客中心，张雷的云夕深澳里书局，水雁飞的庾村大乐民宿，博风建筑的七园居。

“社”板块体现了当代乡村社会生活的多样化所带来的对建筑功能的新诉求。今天的乡村，传统伦理秩序与现代化需求相互交织，建筑为乡村的公共空间和社区营造既提供了秩序，又赋予了包容。建筑是乡村日常生活稳定的基础，黏合了人际、生态、社会生活；同时，乡村在场者也对建筑的具体使用充满了想象力。建筑，成为乡村生活中的物质秩序，但最终会在日常使用中形成一个松动的空间。该板块的主题装置是由城村架构从云南拆装重组的“一座新的旧房子”——一个成为乡村观景台的乡村旧宅，以及徐甜甜的石门廊桥，中国乡建院的贵州中关村乡村建设实践，大舍建筑设计事务所的新场乡中心幼儿园，朱竟翔的陆口格莱珉乡村银行，赵扬的柴米多农场餐厅和生活集市。

“拓”板块以更多形态呈现了当代中国乡村建设的实际内容——正从世界工厂转向世界市场的乡村，以及加入中国甚至全球发展第一前线的乡村。在全球化、互联网和新技术的托举下，紧密的城乡互动、快速增长的城乡混合型产业，以及多元的商业发展形态，构成了中国乡村的未来图景。并且，乡村以强大的劳动力和地区优势，承载着新建设的实际内容。本板块的主题装置是袁烽的“竹里”项目模型，他将中国传统的竹编工艺与数字化设计、机器人预制建造、现场快速拼装相结合，形成了一种全新的乡村建造模式。袁烽以改性塑料为材料，3D打印了户外展场装置——“云市”。展项还有绘造社的《淘宝村，半亩城》巨幅图解作品，张雷的石塘互联网会议中心和李振宇的《空中读村》。

竹里（袁烽）展区

四、结语

20 世纪 30年代中期，吴文藻结合人文区位学与民族志的相关论述，曾提出对乡村和社区研究视角的整体性与局部性之分，并将视野拓展到人的社会关系领域之外。而如若我们延伸到有关文化的物质性与社会性的论述，除了既定的社会共同体之外，还应有超出区域边界的半自然和自然世界及“抽象世界”。乡村的研究在中国研究的根基上，或多或少遭受了超大规模的现代性实体的侵蚀，然而，中国的乡村物质文化和精神文化并未走向预期的停滞和彻底衰败。我们通过建筑、建造及其使用和活动，可以看到，不同于相对独立的、整体化的早期部落，社会体是一个“封闭群域”，乡村不是闭合的，它迎接了流动和变革。作为中国整体之局部的乡村社会，即所谓“partial societies”或“局部社会”，若以今天的乡村来分析，其所在的文化整体，是一个作为社会整体的“局部”存在。王铭铭曾用“局部即整体”来对马歇尔·萨林斯（Marshall Sahlins）在《整体即部分》（2009）一文中对局部与整体关系的界定进行倒置。在该文中，萨林斯将雷德菲尔德用以分析乡村的“局部社会”与“整体社会”之关系的概念加以推衍，用以分析“整体社会”。而“局部即整体”的逻辑则表明，乡村诚然是更大的社会体系的局部，但从种种现象可以看出，这个局部不仅有社会整体的“形”，还在动态发展中融入了整体的“质”，如细胞切片一般，考察局部也意味着考察整体。

“我们的乡村”，正是试图以中国乡村建筑为局部切片，呈现一个中国回应“自由空间”议题的文化全景。在乡村，当代中国的画面无比清晰。乡村建设事关构成整个中国实践的知识、共识和行动，中国的恒常与变化，全都鲜活地呈现在任何一个普通的乡村里。而建筑师的乡村实践，也正不断履行着对城乡问题的思考和批判，成为中国社会动态的触角和观镜。乡村建设的性质超越了“事件”的累积和“现象”的叠加，业已成为中国当代模型的庞大基座。对乡村的学习作为对高度城市化带来的非正义危机与环境等问题的回应，“我们的乡村”带着可能的答案，恰逢其时地进入了世界的视野。

（本文图片由作者提供）

穿越中国

构建共同体。集体的物体。空间和仪式

文 毕月　译 叶恩宇

“穿越中国”是对当代中国建筑环境与社会经济变化过程之间关系的持续探索。“穿越中国——构建共同体”计划将探索倡导社区建设新形态的最佳实践和项目，构建城市可持续发展中社会、经济和空间归属新体系的机制。本次展览以前所未有的视角审视了20多个实践样本，这些实践样本都探讨了“公共的潜能”（斯塔夫罗斯·斯塔夫雷德斯《城市公共资源》），通过综合设计策略，体现了集体认同的新理念，从而形成新的相互依存、共同依赖、具有参与性和包容性的准则。

通过解决由经济分布不均、资源匮乏和人口碎片化所造成的局部困境，它们揭示了社会经济发展的过渡性框架，在这个框架中，新的主体正在出现，从而产生了微观层面上共同实施的治理协议。它们指向了当代城市和农村共存的进步方法论。最重要的是，这些经验揭示了空间转型如何辅助于经济行为者、政府利益相关者和公民团体之间的新联盟的整合，以缓解中国持续40年的城市化进程带来的破坏性影响。

展览以6个主题框架组织起来：工作/居住/消费/文教/休闲/移动——每个主题框架都提供了一个社会文化建设的叙事切入点。在这个社会文化建构中，集体生活习惯性地被消费和复制。每个项目都以视觉和文本材料的组合呈现，这些材料明确地呈现了嵌入其中的对象、空间和仪式的符号和物理系统，从而揭示过去与现在共享制度之间的联系。

每一个命题都通过分层的城市语境嵌套在一起，从历史街区、二线城市到城中村，以及中国不同地区的农村地区，基于相互实现、文化赋权以及因此产生的“集体创造性”，对政策相关和社区原生秩序形式之间的协调做出响应。这种“集体创造力”根植于公共空间的传统，并以不同的方式传递信息。

这次展览内容专门设有历史行程板块，描述了当前的案例研究与过去的建筑和社会形态的政府之间的联系——人民公社、工作单位和社会主义大楼，以表明对公共性、韧性和公民参与的理解，这些理解可能不同于西方。

“穿越中国——构建共同体”展览主宾城市苏州以平江路保护与复兴计划为中心进行社区发展研究。这些活动共同探讨了城市独特的历史文脉，从城市的历史结构、工艺遗产和丰富的自然资源中发现保存下来的传统，以丰富城市的生态、经济和社会条件。

这个项目意在整理有关现代发展动态的知识，其核心在于使社区建设成为一个“项目，而不是一个已完成的状态”，从而为当代城市响应式治理和创造性管理的新主题和规划实践提供信息。

文教

自20世纪初以来，中国的设计和创意产业已经为经济政策调整、大规模的城市建设，以及“中国特色”的文化力量的复兴，定义出了一个新的生产地平线。中国迅速发展对环境和社会带来了某些毁灭性的后果，而在过去10年中，因收入差距扩大、迁徙者不受管制，以及城乡地区的环境耗竭带来的挑战却是有增无减。

城市和农村的振兴以及保护项目已纳入全国各地政府的职责范围，表明人们越来越关注物理和社会意义上“地方性”的消退问题，这对于确保稳定和增加凝聚力至关重要。这些项目具有的共同意义是，它们绕过了各种补救行动，可以重新点燃破碎或过时的生产、继承关系，并将其纳入社会相互关系、公民关怀和最终生产相互依赖的新进程。

这里提出的项目是通过二线城市和偏远地区实施的，测试基于当地社区赋权、文化纽带和植根于当地传统历史的小规模生产生态的综合复兴战略。经验主义的再生理念在当前建筑和设计实践中，表现出对工艺知识和民间智慧的欣赏，在业余主义、传统美学和建筑学规范词汇中重新发现材料和自然资源的运用，从而启迪后代恢复共同的价值观念。

项目：
碧山工销社，左靖
贵州项目，Atlas工作室
广仁计划

居住

住房供给和管理可能是中国近代史上最紧迫的困境，自20世纪80年代实行开放政策以来，住房供给和管理一直是高度集中的管制对象。中国向工业化过渡和大规模

城市发展所要求的经济复苏也大大增加了向城市中心迁移的流量，因此需要空间来容纳这些人口。尽管相关法规不断得到修订和调整，以保持国家对规划的掌控，并遏制房地产行业的投机行为，但有争议的是，所有权和户籍（户口）的相互交织原则，使得住房对于维护社会稳定和公民信任至关重要。

1958年开始实行的户籍制度，区分了城市和农村人口获得公共服务的权利，至今仍是人口管理的一个监管框架，既能提高居民的居住权，又能强制他们搬迁。

房地产市场在过去30年中呈指数增长。在试图遏制投机行为的一系列监管尝试中，所谓的“鬼城”成倍增加，整个城市被抹去，扎根于那里的社区也随之消失。尽管最近的租房政策试图取代错综复杂的世袭所有权，但是大城市惊人的收入差距严重加剧了长期居民，甚至年轻居民的负担。2015年，北京领先于纽约、香港和阿布扎比等城市，在全球最低租房成本指数中排名第一。

本节中的项目是开发可负担得起的解决方案和住所的范例，旨在创造性地为行业设计新的可能性：通过接入现有城市的“主机系统”，而非大兴土木，营建共建共管

的小微社区，改善城市内不同收入群体的生活条件。

项目：
插件家，众建筑事务所
青年路邦舍青年公寓，超级建筑
水围青年人才公寓，Doffice
青龙胡同文化创新街区项目

工作

中国面临着人口结构的急剧变化和社会经济差距（包括不同社会阶层在收入、受教育程度、职业等方面的差距）的不断扩大升级，向创新驱动发展转型是中国可持续增长的核心宗旨。

在新常态政策的框架下，政府自2015年以来发布旨在激励本土产业和劳动力市场的指令，要求从质量上提升制造能力和技术工的人力资本。“中国制造2025”和

“大众创业、万众创新”战略旨在为年轻的城市人口和每年700万毕业生进入市场创造空间生态系统、先进技术生产和设计引领的创业精神提供支持。2010年之后，主要位于沿海城市中心的创客空间和孵化器呈指数级增长（截至2016年，中国各地开设了1 600多家创客空间和孵化器），可以被视为近年来中外合作模式蓬勃发展的一个基础性的先例。

经过几十年的规划，大型基础设施建设（用于机动化交通和大规模住房建设）以及试图阻止房地产投机的新建筑法规被优先考虑。下面列出的这些项目提出了改造现有空间资源的战略，以服务于新旧人口。考虑到由于不稳定的就业所造成的更灵活的工作习惯，以及千禧一代在大都市生活费用飙升中被改变的生活方式，这些举措作为重新连接机制，试图修复经济环境转型所产生的社会后果与其“生产空间”之间的脱节，以便重新建立居民与其城市之间有意义的连接维度。

项目：

地瓜社区，地瓜社区团队

燕京里，META-Project

Elsewhere，范阳

沈阳工人村

休闲

随着城市化进程的加快和对国内消费的激励，中国沿海城市区域的发展已成为全球现象、新生活方式和社会习俗的区域化战略中心。随着移动技术的出现和电子商务平台的普及，消费能力的提高、家庭收入的增加以及多样化的产品和服务的获取，更加深刻地改变了城市居民对优质生活的态度。

如果20世纪90年代的购物中心和主题公园是经济自由的集体景观的新发现，那么随着数字文化的迅速普及，如今所谓的“有意识消费”的出现，意味着人们渴望获得更健康、更有意义的服务，比如食品、体育活动和旅行。对于城市千禧一代来说，休闲和娱乐方面的支出已经成为一个决定性因素，它表明体验式消费主义正与数字共享平台推动的更大的全球趋势接轨。在国内，对当地文化的重新评价、量身定做的体验和更灵活的生活方式，促使酒店项目的需求激增，这些项目能够孵化出新型社区和地区互联的纽带。

本节介绍的项目展示了一种以生态为出发点的整体规划方法，其中经验、空间和规划相互交织，以一种有意识的建筑方式服务于休闲经济，尊重历史遗产、材料、建筑方法以及美学技巧。这三个例子是在不同的背景下产生的——一个偏远的乡村、一个历史街区和一个市中心，但同样地，它们将“选址”作为协同设计的过程，试图协调数字消费的快速步伐和线下人际互动的缓慢体验。

项目：
上坪村古村复生计划，何崴工作室
天桥艺术生活
一起一起旅社，Common Design Studio

消费

自20世纪80年代以来，随着国家从计划生产和分配向市场主导的供求关系转变，国内消费一直是中国经济增长的关键。消费者的消费习惯每隔10年就会调整一次，以适应不断扩大的产品和服务供应，因为购买商品已成为决定个人和集体身份的一个重要因素。从1985年到1995年的10年间，商品零售额每年增幅达到22%。

随着智能技术和电子商务平台的出现，中国消费者几乎可以无限制地获得全球产品，导致了以所谓的“光棍节”（“双11”）现象为代表的消费狂潮。在2017年，“双11”的销售总额为253亿美元，其中90%的交易是在手机上进行的。

自20世纪80年代以来，决定主要消费观念转变的显著因素之一，是农村市场和与农村改革挂钩的城市商店获得了大量食品。如今，随着社会和环境的可持续发展成为国家稳定的核心，经过修订的“农村重建”运动和政府官方议程正试图调和城乡人口之间的巨大差距，因此它有能力为大量未城市化人口提供服务和福利，保护农业贸易以及自给自足的国内经济。在此我们以慢村计划为例，着重探讨保护农业传统的主张，确保农村适度成长和社会包容。

“慢村共建计划”是一项乡村复兴工程，旨在回应“中国农村的三维问题”（三农问题），即在新的城镇化阶段，农村人口、农村社会和农业生产之间复杂而相互关联的动态关系。该计划在2017年慢食国际大会上启动，旨在建立保护生物多样性的发展模式，并以公平地为当地农民提供自然资源为基础。作为该计划在世界上的第一个试点地区，慢食大中华区邀请梁漱溟农村重建中心参与标准的制定和实施，将该计划与扶贫、农业遗产保护和再生等紧迫任务结合起来。

慢村将农业作为其推动城乡关系重新调整的中心宗旨，在全球范围内确保“高质量、清洁和公平的食品”，从而最终重新稳固农村内部的积极联系。

项目：
成都安仁齐堰村（设计），Stefano Boeri Architetti
成都安仁齐堰村（规划），M+ Design and Chen Anhua
茶园村项目，CHIASMUM Partners

移动

中国数百个城市被共享单车现象席卷已有数年时间，这一现象为城市带来了巨大的变革性影响，催生了新的集体习惯和更环保的生活方式，进而影响了例如街道面貌这样直观的规划策略。在这场创业竞赛中涌现出来的众多创业公司中，摩拜因其创始人大力倡导环保、反对交通污染和拥堵而成为各大媒体关注的焦点。这为他们赢得了巨大的粉丝基础和国际认可，2017年联合国环境大会为该公司颁发了地球冠军奖，以表彰他们减少碳排放做出的贡献。

我们与北京相数科技有限公司（DATAOJO）进行数据智能合作，在此展示他们为摩拜开发的可视化和交互分析的人工智能平台Magic Cube。该平台包括一个数据采集系统，用于监控和管理自行车的性能和用户的模式，为公司的服务提供响应能力（知道哪里和什么时候需要自行车，最常用的或废弃的），同时还揭示了对改进规划实践具有关键意义的信息流。

2018年1月，摩拜单车还发布了开放数据平台，旨在讨论和反馈其自行车系统的见解如何有助于城市规划。

历史——中国的集体形式

单位（工作单位）、人民公社（集体单位）和社会主义大楼是改革开放前深刻改造中国社会的三种社会政治、经济和空间模式。

从20世纪50年代到80年代，中国通过城市单位制度和农村公社制度实行强制性的工业化和集体化。从“大跃进”开始，它的目标是进行社会和空间重组，实现中国现代化。因此，这些“集体形式”与无所不包的制度化、新的生产和治理模式相一致，在规模和组织上产生了根本性的变化，并重新定义了工人、农民和国家之间的关系。

单位大院与人民公社由此奠定了当今中国城乡的社会与空间基础，其影响在当代中国仍然真实可见。2016年和2017年，在武汉华中科技大学举办的“中国集体形制”访校工作坊中，来自英国伦敦建筑联盟学院的程婧如和萨姆·雅各布重新审视了单位大院与人民公社背后的理念及其产生的社会现实。此外，与活跃于2015—2016年的城市复兴研究平台“白塔寺再生计划”合作，在北京举办了一个研讨会。“白塔寺再生计划”以同名的胡同区域为研究对象，部分调研了该区域内的福绥境大楼，这是中国尚存的保存最完好的案例。

这些研究结果在展示中有所呈现。

关于“穿越中国”

“穿越中国”是由北京国际设计周推动的一个国际性的展览、公共活动和社论项目，在毕月（世界学院）的策展指导和米歇尔·布鲁内洛（Michele Brunello）的协作下，作为2014年、2016年和本届2018年的威尼斯国际建筑展览双年展的官方合作平行展活动展出。

（图片说明：社区、集体的对象空间和仪式，照片由戴维德·加利提供。）

卷七　樟树下

家庙合一。日常的神性。神性的日常

许天心

家庙合一

日常的神性，神性的日常

许天心

【作者按】继上篇在清明时追溯家族历史、精神源流之后，“家庙营造三部曲”中篇——“家庙记”，通过回顾本科毕业设计家庙/自宅设计，讨论一“旧”物祠堂之概念，如何以新的方式回答中国的“家”型问题，即蕴含中国人家族观念的房子可以是什么样子。这一探问既为祠堂在中国人伦社会中的意义（祠堂对于家族观念塑造的正面价值）进行思辨，同时尝试将祠、庙所具有的精神性嫁接回我们的日常生活中。

本文所指的“家庙合一”的概念，实是借用“家”所代表的日常性与“庙”所代表的精神性而用“家庙”二字，所以准确的说法是“家与庙的合一”。作为宗法建筑的祠堂家庙固然重要，但这次设计的目的，既不是

碧山村航拍

对其进行历史文献考据，也不是要还原古制的祠堂家庙，而是立足于中国人的家族观、中国民居的营造逻辑，探索具有现代性的半宅半庙空间。

设计缘起

2015年9月，续修家谱工作进入收尾阶段，来自族亲的募款最终结余十几万。当时有人提议能否用这笔钱再次募款，重新盖一座许氏祠堂。虽然当时没有定论，但重建祠堂一事已在家族内部提上议程（许氏的祖祠原本在庐江县城的南部，“文革”时被破坏后彻底倒塌。“文革”后，许氏祠堂的土地被政府征用，并规划为一条城市公路，那块地就再也不属于我们了）。祭祖扫墓和续修家谱两事，加之后来重建祠堂的议论，萦绕在我脑中，对我毕业设计的构思产生了直接而深刻的影响。

同年次月，王灏老师指导的毕业设计正式开始。根据我的理解，核心要点总结如下：

- 中国传统民居的空间结构及其伦理内涵。
- 传统木作的力学原理、加工工艺与细部设计。
- 结构表现与空间象征性的平衡统一。
- 与木作工匠保持沟通，合作推进设计，注重设计的可建造性。
- 具有东方气质的现代空间营造、结构营造。

毕业设计以“在野建筑学”为题，场地位于黄山市黟县的碧山村，聚焦中国乡村或城市的新民居审美的创造，形成一个建筑师、学生与匠人共同协作探讨的工作坊机制，改良传统工艺，嫁接当代的设计精神，建立“在野建筑学”与“学院建筑学”的联动关系。

起初是王灏老师提到“家庙”这个概念，我希望结合祭祖和修谱经历，构思一座建于家乡的“家庙”。我将这个半宅半庙的房子当作是为父母、家乡族亲建造的一个祖宅，可供他们停留居住，也可在清明等祭日回乡供奉先祖、举行仪式。

一、平面

当我开始构思这个“家庙”时，首先需要想清楚“家与庙”的布局关系。两者可以是左右并排（左庙右宅）、前后两进（第一进为宅、第二进为庙）或内外包裹（内庙外宅）。中国的“家”型问题，一定要从中国人的家族观念入手。就这个思路而言，家庙的平面布局需要图示化、空间化“家族凝聚”的意象。因此，当时非常倾向使用回字型的布局关系，认为其能够塑造向心、递进、环绕，或是内外合一的空间意象。我们所熟悉的北宋汴梁的城郭、民居中的四合院、塔类建筑平面都具有同构的关系，也非常像费孝通先生描述“差序格局”时的人伦涟漪。如果在回字平面中置庙于内部，则由建筑中心具有精神性的庙堂空间，到环绕其外的日常起居的家，再到外围的院子、村落和山峦……构成一套由内而外有序延展的空间格局，层层退晕又向心凝聚。“回”形不仅界定了建筑内部的空间结构，还包含了建筑以外更广阔的抽象联系。这种同时容纳山川结构、村落秩序，再递进到一个民居内部结构的涟漪关系，在很多意义上具有原型意味。

有趣的是，如果按照《家礼》中的规则布局“立祠堂于正寝之东”，庙堂通常会被独立于居住空间之外单独排布。然而，这组相互嵌套的关系，像是暗含了将精神回归日常的隐喻，将两者组织为一个整体，让其变得充满内在的张力。换句话说，日常与神性何尝不是生活的皮骨两面。古人讲求文质并美，寓于日常中的神性更具有脱俗的超越感，而神性中的日常也更具世俗的温情。

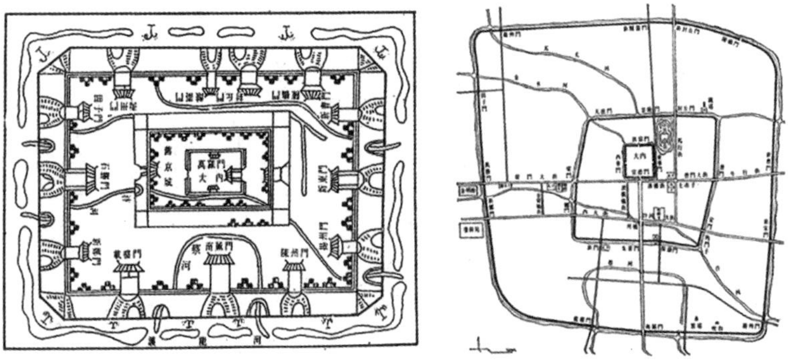

北宋汴梁城郭图[1]

1 Nancy. S. Steinhardt: Chinese Imperial City Planning. University of Hawaii Press, 1990.

事实上，这个回形的布局，让我真正将家与庙作为一个整体来思考。下图第一张是设计完成时的结构平面。图中浅灰色部分是“中心庙堂”以及一段过渡性的入口空间；白色部分的“家”呈扣住的U形。家与庙各设独立入口，意味着平时可以只从“家”的入口进出，庙一侧的入口只在举行仪式时开启。如果以“庙”门为建筑的正面，那么“家”门实际上是后门，但在日常使用中正反是相对的，重要的是提供对称均等的柱网。其次，利用入口的空间深度区分了家与庙的等级。

结构内柱4根，外柱16根，在充分考虑到木材尺寸和悬挑长度的基础上进行排布。

看似规整的柱网，其实与传统的木结构柱网有着微妙的区别。可以看出外柱面阔三

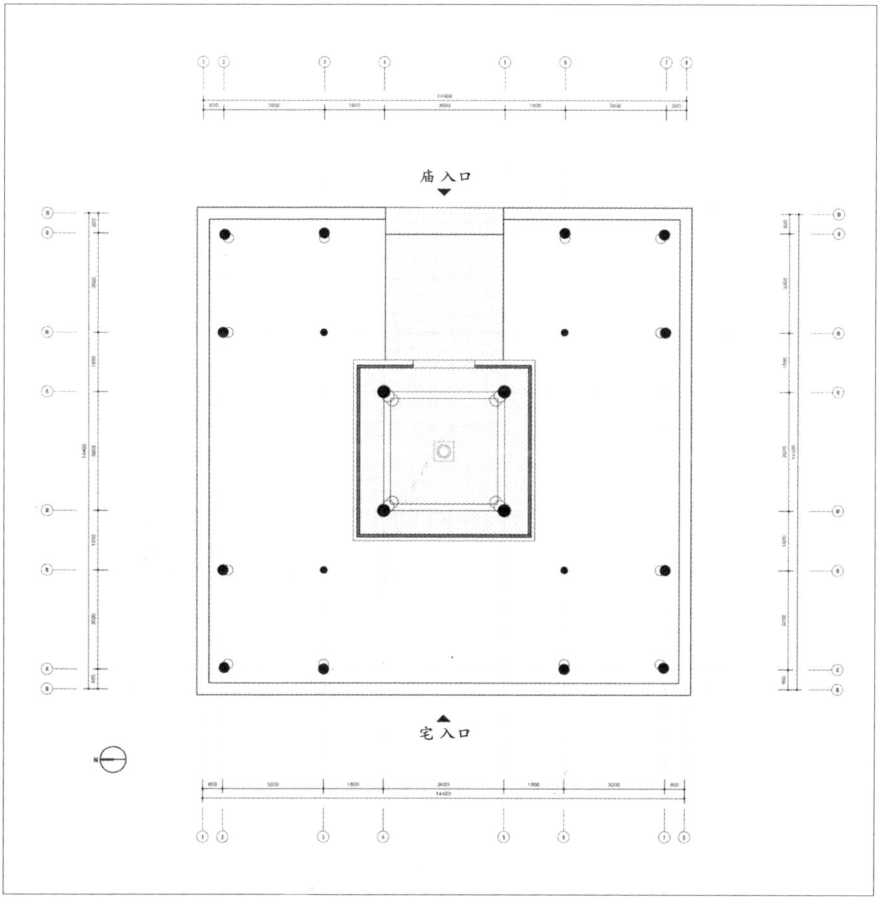

结构平面（一层）

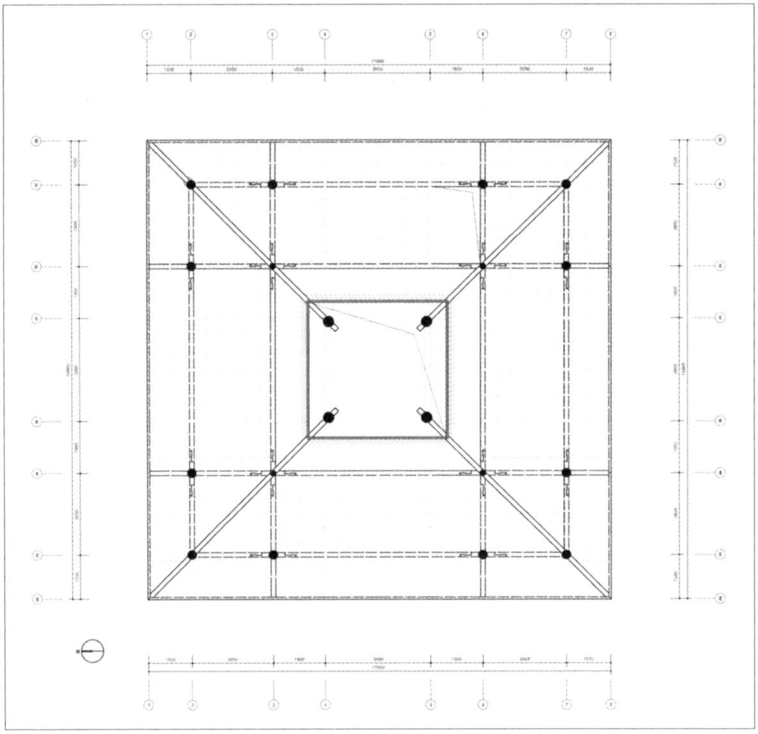

结构平面（二层）

间，4根内柱却小于外围明间（中间最大跨度的一间），内外柱像是两套独立的体系。这组错位的内外柱关系，在二层结构平面中（上图）可被解读为：平面柱网由每个角部4根外柱+1根内柱组成的框架，经中点两次镜像，再连接8根主梁构成。因此这个柱网关系，已不是单向复制的榀架结构，而是一个四向的整体木结构。现实案例中应县木塔就是一个八边形的整体木结构。

右页图是设计完成时带家具的一、二层平面图。庙堂空间被一道木垒砌墙塑造成封闭的桶状空间（可结合下文中的剖面辅助理解）。这个庙堂空间实际上是一个三层通高的室外空间，层层抬叠的木墙与木柱，将人的视线和精神引向9米多高的一口天井。这个空间唯一的光线来自顶部的洞口。地面将是三合土夯筑的，而正面应是一尊祖先像和龛位。外围的日常起居空间，是一个完整连续的U形，其间只由轻质的隔断或地毯划分几组功能区域。我用玻璃砖作为主要围合材料，在室外与家之间营造柔和、明亮而均匀的光环境，与“庙”的空间气质形成差异。进入室内右侧，

一层平面

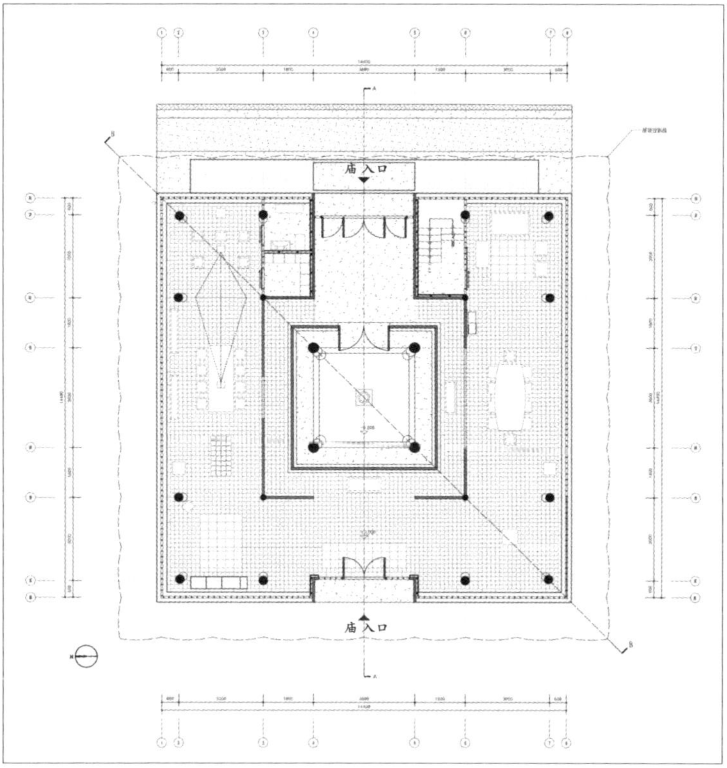

二层平面

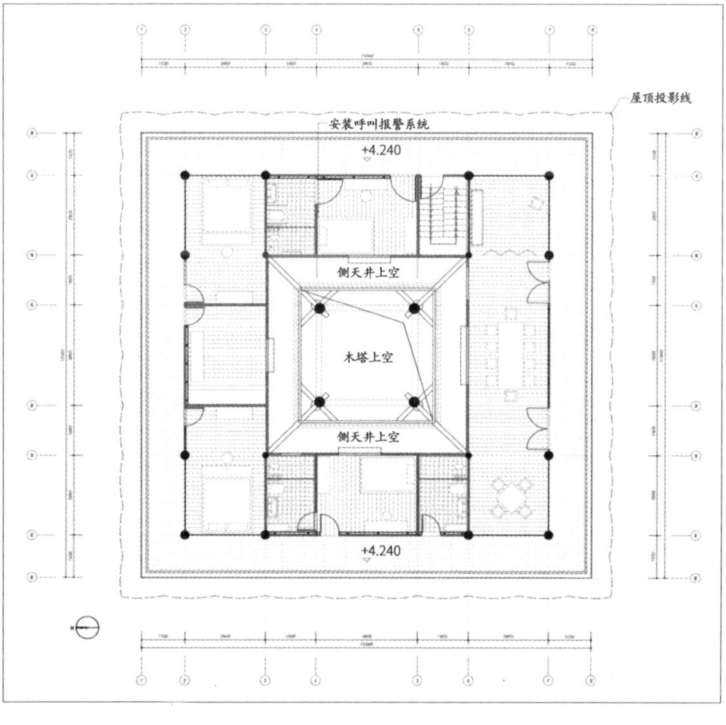

可会客、吃饭、阅读或休息，尽端是通往二层的楼梯。左侧完全为我母亲量身定制，可办小型画展、绘画教学甚至酒会、观影会，尽端是卫生间和储藏室。两者之间有一圈内走廊，可让人在室内走通。

柱子与围合墙体保持分离，结构独立地塑造空间气质，空间开始由线性的梁柱主导，围合墙体也由此清晰地成为建筑的附属要素。中国的传统木结构建筑中，绝大多数是“墙包柱”做法，而这一次选择皮与骨的分离，除了考虑到密封问题（窗框、门框、玻璃围合等），还有意识地让结构线条可在空间中被清晰地阅读。

二层包括一间客厅、四间卧室和一间储藏室。上到二层，首先会走到室外的走廊，经由一周的室外走廊进入所有房间。这是二楼唯一的流线，可饱览周边全景，这种空间设定非常像中国古代的塔类建筑。有趣的是，在中日的塔类建筑中，又只有中国的塔能够爬到各层平台眺望。

因文章主题原因，没有在本文中涉及场地、周边关系以及三个辅助用房（母亲的画室、独立厨房和独立浴室）的说明。

二、剖面

研究中国的“家”，一定要从中国人的家族观念入手。

“凝聚”“团圆”一向是家族观念中最为重视的，以血缘为纽带构建起的社会组织，正是依靠族人聚拢而得以成立。在前文谈及的平面格局的基础上使这一意象空间化，成为剖面构思的出发点。

几乎同时，笔者在翻阅传统木构资料时，发现了一种梁柱关系（右页上）。这个在宋《营造法式》中被称为“叉柱造”的大木作节点，为解决上下层之间柱子续接的结构难题而出现，因此多运用在楼阁、塔等多层木结构中。意思是说，“叉柱造”做法，解决了柱子需要上下拼接情况下的梁柱交接问题和结构牢度问题。古人上千年的木作经验，使这个结构细部不仅能解决问题，还在不断改良的过程中，逐渐让这组柱与柱的上下关系形成向内收分的独特特征。我们可以在独乐寺观音阁以及应县木塔的剖面图中清晰地阅读到。这两座木构建筑随着层数的增加，体量逐层缩

右：独乐寺观音阁剖面
左：蓟县独乐寺叉柱造局部剖面
图片来源：陈明达《蓟县独乐寺》

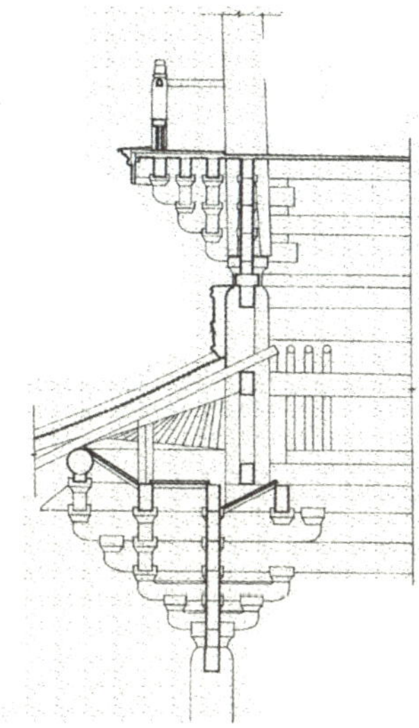

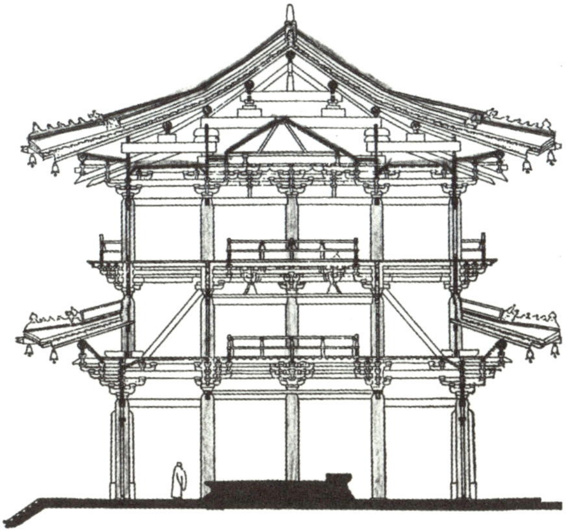

右：独乐寺观音阁建筑内景
左：独乐寺观音阁建筑立面收分关系
图片来源：陈明达《蓟县独乐寺》

应县木塔剖面 图片来源：陈明达《应县木塔》

小，虽然每层的变化很小，但积少成多，最终形成一个上细下粗的稳定图示。这既是遵循木材受力的客观规律，也体现了古人在结构的视觉表现与受力原理之间尝试平衡的智慧。

我在剖面构思初期，尝试发挥这个错位关系，让所有上下柱子向中心错位，获得结构形态收拢聚合的特征，这又可以与“家族凝聚”的观念发生关联。

如果将这个剖面关系与平面、结构一同考虑，“回”字形的平面、墙柱抬叠收拢的剖面和收分错位的接柱关系，可以共同表达“向心”“凝聚”的空间意象。

庙堂空间，内含了一个“塔的负形”，是三层通高的室外空间，而环绕周边的起居空间则是单层空间。因此在剖面上，形成一个“凸”字形的空间结构。这也为塑造家与庙的空间气质的差异提供了条件（水平与垂直）。

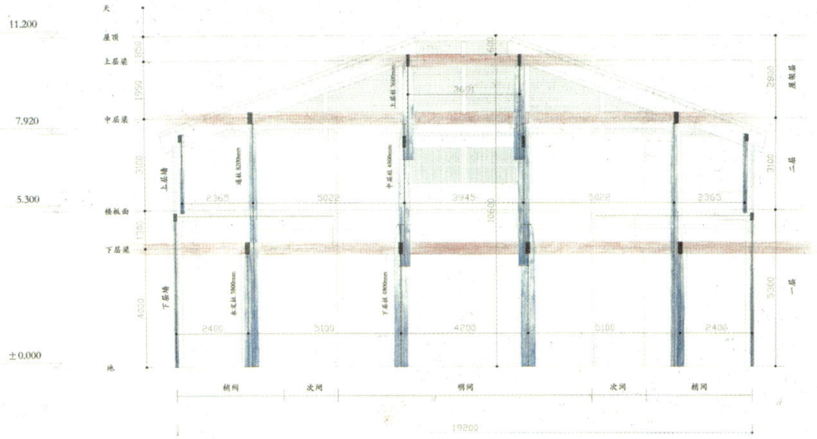

中期结构剖面：柱子收分聚拢的关系

剖面透视图

日常的神性 / 神性的日常

日常与神性何尝不是生活的皮骨两面。古人讲求文质并美，寓于日常中的神性更具有脱俗的超越感，而神性中的日常也更具世俗的温情。

家与庙的合一是日常性与精神性的合一。中国古人经常爱用一种互为向背的概念来描述一个事物的整体，比如皮骨、形神、文质、法艺。这多少是在提醒我们，两种看似对立的概念，在一个完整的事物中总是同时存在、相互转化的，这两者的关系，时而对立矛盾，时而主次分明。

左：庙堂仰视

右：庙堂正视，祖先坐像

一次下乡考察，我走进一位老农家里聊天，厅堂里一张八仙桌、一对扶手椅摆放整齐。我一坐下来，就注意到对面墙上一扇窗户刚好高于我的视线，我疑惑这扇窗户到底为谁而开；当我起身离开，看到厅堂供桌上壁挂一祖先龛位，这时才明白其中的道理。开一扇窗户最基本的作用便是通风采光，是极其日常的需求，而另一方面，一扇窗户为祖先而开，那便是一种敬重。但事实上，这窗户到底为谁而开没人能够证明，除非你相信有一个东西，在比你高一些的位置上，在比你早一些的时间中。

那时我意识到，某些建筑以外的具有神性的事物，也在参与空间的营造。这也许就是中国人的营造观念中极其重要的一个方面。

某种意义上，中国民居的基本格局，都可理解为家与庙的合一。朋友曾给我看他去浙江衢州一带的民居照片。其中一张是他推开房门，蹲在门槛的位置拍摄的。画面中有一个局促的院子，正对凹进的空间是这个宅子的厅堂，推开柴门走进内院，我们看到最大的空间留给了天、地和祖先，还有几只闲步啄食的公鸡，人居住在周围的房间里，但也时刻在厅堂的范围中。

也许，“家庙合一”本身就是中国民居重要的营造逻辑。上千年来，我们在一个有

上：浙江衢州一间民居的厅堂内景，寓于日常中的天地人神关系

下：安徽歙县石潭村，兄弟几人在厅堂祭祖　图片来源：转拍自刘士斌摄影作品

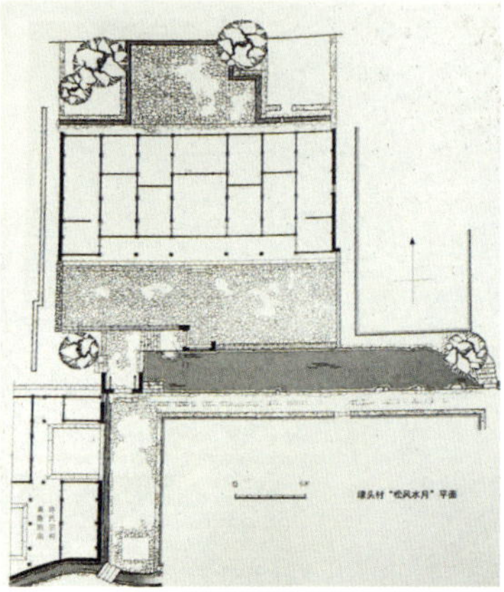

不偏不倚的，远山的最高峰正对着正门轴线。最正的门要对山而开，人在山神前显得如此谦卑，只是默默从侧门出入。主屋本身其实非常普通，然而水池和正门和远山的融糅使这座住宅得以在山川间找到自己的归属。

图文引自隔溪山《隔溪三章》

精神的房子里度过春夏秋冬，见证生死，经历喜怒哀乐，我们还在这里举行重要的仪式，与山川、村落的形势远近呼应，又与天地祖先共同在场。这是一种根植于中国文化的时空体验。

结语

秩序的渐远，其鲜明的社会表征正是日常生活中精神性的消退。社会生活的改善被“安全、高效、舒适、便捷”等概念片面定论。曾经祭拜的祖先，曾经祈求的神灵，曾经珍重的仪礼，曾经内心的归宿，渐离我们的日常。经济腾飞的当下，伴随的却是“那些与我何干”的背信弃义。

“家与庙的合一”，在这个时刻更像是一种抵抗——抵抗日益庸俗的、日益萎靡的、日益瓦解的精神与日常，其目的正是要唤起国人对自我存在方式和精神源流的持续思考。

作者简介

姜冰

本科毕业于清华大学建筑学院建筑设计专业，毕业设计跟着陈志华先生做乡土村落调研。博士毕业于英国谢菲尔德大学，研究建筑历史。2015年起，在北京建院建筑文化传播有限公司工作，主要负责两本中英双语杂志《El Croquis建筑素描》和《建筑创作》（核心期刊）的编辑和出版，对国内外建筑大师做过一些长篇专访，组织策划国内外建筑师学术论坛活动。

钱婺妮

文化记者，多年持续关注和报道当代艺术、国内外城市建筑领域重要人物与事件。文章常发表于《第一财经日报》《艺术新闻（中文版）》《ELLEMEN睿士》《大都市》《周末画报》等刊物。

朱清华

2013年中国传媒大学硕士毕业。现任云南广播电视台都市频道《封面》编导，长期关注知识分子的乡村建设困境、本土与外来者的矛盾融合、经济发展与环境保护之间的博弈等选题，近年来完成《沙溪的选择》等30多期深度报道节目，获得多个新闻奖。在理想主义的门外不断张望现实，乐于做一个冷静的观察者，一个克制的陈述者，一个永远的追问者，即便从来没得到答案。

丁倩琳

就职于gad · Line+ Studio（一家创新设计事务所），参与并积极思考当代环境改善与乡村激活振兴的更多可能，也期待能与众多乡建工作者们共同探讨当代乡村发展的问题并提出积极有效的解决方案，为乡村未来可持续发展尽自己的微薄之力。

刘国沧

台湾成功大学建筑系硕士，打开联合文化创意有限公司创办人、主持人。

宋修见

北京大学法学博士，中央美术学院教授，中央美术学院思政部主任、美育研究中心主任。主要研究方向为马克思主义哲学与美学，马克思主义中国化与中国的现代化。

穆钧

现任北京建筑大学建筑与城市规划学院教授、博导，兼任联合国教科文组织“生土建筑、文化与可持续发展教席”委员、住建部传统民居保护专家委员会副主任委员、中国建筑学会生土建筑分会常务理事兼副秘书长、无止桥慈善基金项目委员会主席等职务。

王美钦

生于福建仙游，本科毕业于福建师范大学美术系，美术史硕士毕业于中国艺术研究院，艺术史博士毕业于纽约州立大学宾汉顿分校，2007年至今执教于加州州立北岭大学，现为该校艺术系教授，主要讲授亚洲艺术通史和中国、印度、日本、韩国各国艺术通史，侧重于中国当代艺术研究，主要关注其在全球商业化和城市化背景下的发展和转型，近两年开始着重于社会参与式艺术的研究，特别关注艺术参与和介入乡村建设这个课题。

陈晓阳

过去10年主要从事人类学研究与社会参与式艺术实践，她的项目及作品多以被遮蔽的社群历史与现实展开，曾在广州的城中村及郊区山村与志愿者组织、教学机构和公益组织合作，用在地展览和研究性写作等方式持续展开关于华南文化性的研究与再造工作。她于2004年毕业于广州美术学院雕塑系，获文学硕士学位并留校任教，现为雕塑系副教授，硕士生导师；2015年毕业于中山大学社会学与人类学学院，主要研究方向是视觉人类学，获法学博士学位。她于2016年联合发起了公益艺术项目“源美术馆”。

何叶

资深杂志编辑，任职于《ELLEMEN睿士》。

任知

诗人、作家、日本文化学者。南开大学毕业，曾为《假日100天》（人文版）编辑，昆明《生活新报》、广州《信息时报》、上海《时代报》专栏作家，有诗歌、影评、乐评、书评诸多文章散见于各大期刊杂志；曾主编独立诗刊《个》，著有诗集《孤屿心》、日本文化集《完全治愈系》《东瀛文人风谭》等。

吴文光

1956年出生于云南昆明，1982年毕业于云南大学中文系，曾做过中学教师、电视台记者和编辑，现为自由职业者，居住于北京。2005年，策划与组织村民影像计划；2010年，策划与组织民间记忆计划。纪录片作品有《流浪北京》（1990年）、《四海为家》（1995年）、《治疗》（2010年）、《因为饥饿》（2013年）、《回忆录：穿过》（2017年）等，短片作品有《日记：1998年11月21日，雪》（1999年）、《公共空间》（2000年）、《寻找哈姆雷特》（2002年）。发表著作《流浪北京》《革命现场1966》《江湖报告》《镜头像眼睛一样》，主编《现场》（出版三卷）。

邓圆也

建筑学与人类学学者，关注城市与乡村的物质形态变迁与社会结构转型。曾获得上海当代艺术博物馆2017年"青年策展人"项目评选第一名，并受法国Réseau des Écoles Supérieures d'Art（ADOR）艺术基金会资助开展跨文化观察项目，项目成果收录于*Vers la Chine des confins*一书。她曾任2017年上海城市空间艺术季（SUSAS）世界滨水案例特展和Hyperloop特展的策展人，上海当代艺术博物馆"甜蜜的家"展览策展人，兼任*Wallpaper*中文版首席建筑与人文设计编辑。目前是同济大学建筑与城规学院博士生，麻省理工学院建筑系联合培养博士生，并于香港中文大学人类学系获得哲学硕士学位。

毕月（Beatrice）

文化战略家和设计评论家，2002年常驻北京至今。2013—2016年担任北京国际设计周创意总监，是威尼斯建筑双年展（2014／2016／2018）中国城市研究项目"穿越中国城市"的总策展人，同时也是香港信言设计大使（Design Trust）咨询委员会成员。她联合创办了中国第一个独立设计和创意研究所——世界学院。她的作品和项目曾在*Artforum*、*Abitare*、*CNN Style*、*Domus*、*Dezeen*、*Disegno*、*Frieze*、*T Magazine*（*The NYTimes*）、*The Good Life*等刊物上发表。2016年，她出版了*（115）Ideas in Action – Critical Design Practice in China*一书。

许天心

“九樟”联合创始人，建筑师。本科毕业于中国美术学院建筑艺术系，硕士毕业于东京工业大学塚本由晴研究室建筑学系。其作品《家庙》中的木结构改良设计，曾随润·建筑工作室（Rùn Atelier）参展第15届威尼斯建筑双年展（中国馆）。九樟，致力于东方文化的价值挖掘与现代精神的重塑，围绕媒体传播、乡土研究、产业实践等工作，引导更广泛的社会群体关注人文、乡土议题，于实处改善当今人文环境的现状。

中国国家地理
CHINESE NATIONAL GEOGRAPHY

出 品 人：陈沂欢
策划编辑：刘　微
责任编辑：张　刚　武士靖
图片编辑：贾亦真
营销编辑：唐国栋
责任印制：焦文献
投稿邮箱：cngbook@cng.com.cn

碧山　第十三辑
主　　　编：左　靖
栏 目 主 持：王美钦　许天心
编　　　辑：郭婧雅　王彦之
排　　　版：吴　倩
行　　　政：蒲　佳
推　　　广：夏渡培

封面/封底图：贵州省黎平县茅贡镇粮库艺术中心
建　筑　师：梁井宇×场域建筑
摄　　　影：周　源　朱　锐

出　品

左靖工作室
Zuo Jing Studio